밥 먹고 똥 싸면서 발견하는
비즈니스 인사이트

# 밥 먹고 똥 싸면서 발견하는
# 비즈니스 인사이트

김경수 지음

초록비 책공방

### ◯ 부동의 업계 1위 N사

"김 과장! 지금 우리가 1등이라고 해서 언제까지나 고객에게 1등으로 선택받는다는 보장이 없지 않겠나. 현재의 사업 영역에만 안주해서는 회사의 미래 성장을 담보할 수 없으니 함께 고민해보세."

### ◯ 만년 2위 기업 K사

"임직원 여러분! 이제 더는 만년 2위에만 머무를 수 없습니다. 돌파구를 마련하여 시장에서 한 획을 그어야 하지 않겠습니까?"

### ◯ 스타트업 창업을 준비하는 대학생 그룹

"우리 이 아이템으로 대박 치고, 사회 혁신에도 기여하자. 제2의 스티브 잡스, 제2의 마크 주커버그는 우리가 한다!"

## ⊕ 시민의 삶의 질을 지속적으로 높여가고자 하는 공공기관

"시민을 위해 일한다는 것은 시민이 체감할 수 있는 정책과 제도를 만들고 실천하는 것입니다. 이를 위해 진정 시민이 기대하고, 불편해하는 것을 찾아 해결책을 만들어 지원해야 합니다."

새로운 비즈니스 기회를 발굴하거나 사용자에게 더 나은 경험과 서비스(공공·교육·의료 등)를 제공하기 위해 다양한 영역에서 여러 활동이 이루어지고 있습니다. 이를 위해 디자인씽킹의 철학과 방법론을 도입·활용하고자 하는 움직임도 크게 늘고 있습니다. 저 또한 수년간 디자인씽킹에 기반한 프로젝트와 교육, 그리고 크고 작은 워크숍을 진행하며 그 흐름과 함께해왔습니다. 그 시간 동안 앞서 대표적으로 정리한 이야기와 포부를 다양한 분야의 참여자에게서 들었습니다. 그들은 이러한 이야기를 회사에서, 그리고 자신이 속한 조직에서 항상 고민하고 강조하고 있었습니다.

잘 들어보니 그들 이야기의 중심에는 늘 '사람'이 있었습니다. 각자가 소속된 회사의 상황, 기관의 성격, 또는 (1인 기업이라면) 개인의 목표 등에 따라 그 내용은 달랐지만, 공통적으로는 사람(고객, 사용자, 시민, 소비자)에게 선택받을 수 있는 상품, 서비스, 제도 등을 만들어내고자 하는 간절함이 있었습니다. 이를 그들의 공통된 표현으로 정리하면 '혁신'(혁신적인 아이템, 서비스·제도의 혁신)이라고 할 수 있습니다. 하지만 그 간절함에 비하면 고객에게 선택받고 사랑받는 경우는 그중 일부에 그칩니다. 다수의 회사, 기관에서는 결국 실패하거나 미미한 성과만을 얻습니다. 그 이유는 무엇일까요?

　이 책에서 저는 그 이유, 왜 혁신이라는 것이 그리 성공하는 모습이 되지 못하는가를 이야기하고자 합니다. 그리고 그 혁신의 성공을 위한 강력한 방법론으로 대두되고 있는 디자인씽킹을 누구든 쉽고 간단하게 실행해볼 수 있도록 재정리했습니다. 물론 '혁신이 중요하다', '디자인씽킹이란 이런 것이다' 등의 빤한 이야기를 강조하지는 않았습니다. 이미 그런 내용은 독자들이 잘 알고 있을뿐더러, 포털 사이트나 다른 책에서 쉽게 접할 수 있기 때문입니다. 또한 머릿속 지식에 갇혀 있거나 먼 나라의 사례만을 우러러보는 접근은 지양했습니다. 그런 방식으로는 아무리 디자인씽킹을 오래, 많이 접한다 하더라도 그 깊이와 실행력을 체화하기 어렵습니다.

　이 책을 끝까지 읽고 나면 지금까지 생각해왔던 '혁신'과 '디자인씽킹'에 대한 관점과 자세가 달라질 것입니다. '혁신'이나 '디자인씽킹'에 대해 한 번도 생각해보지 않았거나 어렴풋이 알고 있는 독자들도 부담 없이 읽을 수 있도록 정리했으니까요.

　업무에서, 사업에서, 개인의 활동에서 뭔가를 새롭게 시작해보려는 사람, 지금까지 다양한 방법론을 통해 수많은 시도를 경험해온 사람도 이 책을 통해 생각이 정리될 것이라 확신합니다.

　마지막으로 강조하고 싶은 말이 있습니다. 혁신의 중압감, 그리고 디자인씽킹 프로세스의 형식을 지켜야 한다는 강박에서 벗어나자는 것입니다. 즉 힘을 빼야 합니다. 이는 역설적이게도 '힘을 키워라!'라는 말이기도 합니다. 평소에 기본기에 충실하면서 자잘한 근육에 힘을 키워놓으면, 결정적인 순간에 오히려 더 큰 임팩트를 낼 수 있다는 뜻이 숨어 있습니다.

혁신도 마찬가지입니다. 일상에서 조금씩 혁신의 단초를 찾는 실천을 통해 잔근육을 키워놓으면, 굳이 제2의 아이폰이나 제2의 페이스북만을 좇지 않더라도 혁신의 최전선에 서리라 확신합니다.

끝까지 탐독하신 후 저와 함께 혁신의 동반자가 되실 것을 믿어 의심치 않습니다.

Contents

# 1부. 혁신에 필요한 5가지 자세

# 2부. 혁신을 찾는 방법론, 왜 디자인씽킹인가

# 3부. 이노글라스로 세상을 바라보다

## 출퇴근길에도 혁신의 씨앗은 숨어 있다

## 먹고 놀고 여행하며 혁신하라

# 4부. 비즈니스로 발화한 혁신의 단초

1부

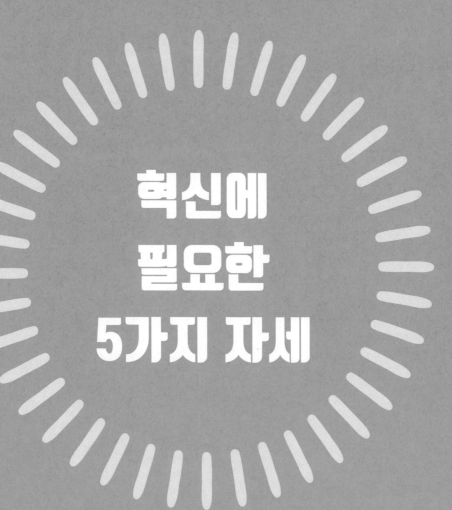

혁신에
필요한
5가지 자세

# 혁신은 누구나
# 할 수 있다고 생각하자

혁신革新의 어원을 살펴보자. 혁신은 갓 벗겨낸 짐승의 피부皮를 가공하여 가죽革으로 만드는 일에서 유래했다. 털과 살점 등이 붙어 있던 피부를 의류와 가구 등에 사용될 정도로 만들려면 매우 복잡한 과정을 거쳐야 한다. 그렇기에 새로울 신新을 붙여 혁신이라 한 것이다.

여러 회사와 조직의 리더들이 업무 현장에서 혁신을 이 정도로 고통스럽고 절실하게 해야 한다고 강조한다. 하지만 이런 식으로 강조하다 보면, 혁신을 대하는 마음가짐이나 이에 접근하는 방법마저도 어렵고 복잡한 것으로 여기게 된다. 지레 겁을 먹고 아예 시도조차 하지 못할 확률도 있다.

필자는 SK에서 디자인씽킹 관련 일을 한다. 고객을 직접 만나고 그들의 행동이나 경험에서 혁신이 될 만한 인사이트를 찾아내어 이에 기반을 둔 새로운 상품과 서비스를 만들고 있다.

회사 내부적으로는 Human Centered Innovation(HCI, 사람 중심 혁신)이라고 칭한다. 이러한 업무 경험을 바탕으로 SK 구성원, 대학생, 예비 창업가 등에게 비즈니스 모델을 발굴하는 법을 강의하기도 한다. 주로 혁신이란 무엇인지, 그리고 이를 위한 디자인씽킹은 어떻게 이루어지는지를 가르치는데, 강의를 하면서 절실히 느낀 점이 있다.

바로 이론보다는 실제 비즈니스를 수행하는 담당자의 입장에서 이해하고 실행하기 쉬운 방법론이 필요하다는 것이다. 수강생 대부분이 본인의 업무 영역에서 상품과 서비스를 경쟁력 있게 만들고 싶어 하고, 자신의 비즈니스를 잘 키워보려는 사람들이었는데, 공통적으로 이론을 당장 자신의 업무에 어떻게 적용할지, 적용한다면 어디에서부터 해야 할지 감을 잡지 못하고 어려워했다.

이것저것 책상에서 수없이 고민하다가 제대로 실행도 해보지 못하고 포기하는 경우도 많았다. 또한 그들은 창업 관련 강의를 듣거나 디자인씽킹 관련 책을 찾아보며 더 자세히 공부하고자 했지만,

오히려 더 어려운 이론과 복잡한 사례를 소개할 뿐이라서 '혁신'을 더 다가가기 힘든 것으로 여기게 되었다.

이제는 디자인씽킹 방법론을 쉽게 배우고 훈련할 수 있어야 한다. 또한 팀 단위로만 해왔던 것에서 벗어나 개인 차원에서 일상에서 쉽게 디자인씽킹을 자주 훈련할 수 있는 방법이 필요하다. 가장 쉬우면서도, 가장 잘 찾아낼 수 있는 혁신의 소스는 바로 각자의 주변에 있다. 작고 평범한 일상에서 디자인씽킹을 훈련한다면 점차 익숙해져 그 영역을 업무나 관심 분야로 확대해볼 수 있을 것이다.

더불어 이 책을 읽고, 기획이나 마케팅 등의 분야에 종사하는 사람들 외에 일반 사람들도 혁신을 쉽게 추진해볼 수 있다면 세상에 더 나은 가치를 더 많이 선사할 수 있을 것이라 기대한다.

# 대박을 터뜨리겠다는
# 생각을 버리자

혁신에 대해 시사하는 바가 큰 옛 고사 하나를 읽어보자.

중국 춘추전국시대 학자였던 장주莊周는 집이 몹시 가난해 하루 끼니를 잇기도 어려웠다. 하루는 양식을 꾸기 위해 감하후監河侯를 찾아갔다. 감하후는 "며칠 후 세금이 걷히면 삼백금을 빌려주겠소" 라고 했다. 불고체면하고 찾아온 장주는 화가 나서 얼굴을 붉히며 이렇게 답했다.

"제가 어제 이곳으로 오는 중에 부르는 자가 있었습니다. 돌아보니 수레바퀴 자국에 붕어 한 마리가 있었습니다. 제가 붕어에게 '붕어야! 너는 무슨 일로 그러느냐?' 하고 묻자, 붕어가 '나는 동해에서 파도를 관장하는 신하인데 당신은 한 되의 물로 나를 살릴 수 있을 것이오' 하고 답했습니다. 이에 제가 '좋다. 내가 곧 오나라와 월나라 왕을 만나러 가는데 서강의 물을 끌어다가 너에게 대어주마'라고 말했습니다. 그러자 붕어가 화를 내며 '나는 지금 한 되의 물만 있으면 살아날 수 있는데 나중에 강 하나를 끌어오는 게 무슨 소용이란 말이오. 차라리 건어물전에 내 시체나 찾으러 와주시오!' 하더군요."

《장자莊子》〈외물편外物篇〉에 나오는 '학철부어涸轍鮒魚'라는 고사로, 처지가 매우 급박하거나 곤궁한 사람을 도와주려면 그 사람에게 가장 필요한, 현실적인 도움을 주는 것이 좋다는 교훈을 전하고 있다. 수레바퀴 자국에서 힘들어하는 붕어에게는 자신을 살릴 수 있는 물이 서강의 큰 물줄기이든, 바로 옆 웅덩이의 물이든 상관없다. 고급스러운 용기에 물을 담아 오든, 낡은 바가지로 물을 떠 오든 이 또한 중요하지 않다. 단지 필요한 만큼의 물을 빨리 얻는 것이 붕어에게는 중요하다.

첨단 기술과 충분한 자본을 보유하고 있다면 혁신적 비즈니스를 실현하는 데 큰 도움이 된다. 이에 더해 별도의 조직이 구성된다면 추진력을 더 얻을 수 있다. 하지만 이러한 것들은 말 그대로 도움이 될 뿐이지 좋은 혁신의 결과물을 이끌어내는 데 근본적으로 필요한 요소는 아니다. 또한 기술, 자본, 조직은 대체재를 투입하거나 아웃소싱을 통해 얼마든지 해결할 수 있기도 하다. 개발 능력이 없다거나 자본력, 조직력이 부족하다는 이유로 혁신을 추진하지 못하는 건 아니라는 뜻이다.

종합하자면, 혁신에 꼭 필요한 요소는 '사용자(고객)의 니즈Needs에 기반을 둔 혁신의 단초 또는 아이디어'다. 혁신을 어떻게 실행할지 고민할 때 스스로 어떤 능력을 갖고 있는지, 얼마만큼의 자본이 있는지를 고민하기보다 사용자가 진정 필요로 하는 건 무엇인지 고민해야 한다는 뜻이다. 기술력이나 자본력을 동원하여 그럴듯한 결과물을 내놓는다 하더라도, 그것이 실제 상품이나 서비스 사용자의 경험이나 행동에 기반을 두지 않는다면 환영받지 못하고 끝나는 경우가 많다는 것을 유념해야 한다.

개발 능력이나 자본 상황, 조직력이 혁신의 선결 조건이라 생각하는 마음에는 결과물 하나로 대박을 터뜨리겠다는 생각이 숨어 있다. '이번 프로젝트로 페이스북 같은 서비스를 만들어보겠어!', '제2의 아이폰을 만들어 대박을 칠 거야!' 같은 마음이 그것이다.

하지만 명심해야 할 점이 있다. 페이스북이든 아이폰이든 그 출발은 자신을 포함한 사용자들의 아주 평범한 일상을 관찰하는 데서 시작했다는 것이다. 혁신의 목표를 원대히 설정하고 이를 달성하기 위해 매진하는 것은 바람직한 일이지만, 목표가 원대하다고 해서 현재 수행해야 하는 일에 대한 고민과 아이디어 발굴마저도 구름처럼 높아서는 안 된다. 세계적인 제품과 서비스의 모습만을 좇다 보면 자신의 상황에 자괴감이 들 때도 있고, 목표를 계속 따라가지 못한다는 마음에 피로감을 느껴 추진동력을 잃기 쉽다.

우선 '나는 무엇을 만들겠다what'는 마음을 내려놓자. 그리고 '어떻게 만들겠다how'는 마음도 내려놓자. 그 대신 '내 주위 사람이 왜 지금 상품·서비스를 사용하며 불편해할까?why'를 생각해보자.

이런 식으로 가볍지만 진지하게 접근을 해나간다면 유의미한 결과를 얻을 수 있을 것이다.

# 기술력만 믿고
# 자만하지 말자

최근 정부와 기업에서 벤처 창업을 지원하는 프로그램을 많이 운영하고 있다. 필자가 소속된 회사에서도 창업 지원 프로그램을 운영하는데, 심사위원으로 참여해 여러 제안서를 검토할 때마다 훌륭한 아이디어들에 감탄하곤 한다.

하지만 상당수의 사업계획서에서 공통적으로 나타나는 문제점이 있다. 바로 자신들이 보유한 기술에 자부심이 너무 큰 나머지, 그 기술로 무엇이든 다 할 수 있다고 자신하고 사용자들이 무척 좋아할 것이라 착각하는 것이다.

　물론 우수한 기술력이 뛰어난 경쟁력임은 부인할 수 없다. 하지만 그런 기술력을 갖고도 시장 상황을 제대로 읽지 못해서 힘 한번 제대로 발휘해보지 못하고 사그라져버린 사례를 어렵지 않게 찾을 수 있다.

　화상통화를 예로 들어보자. 이 기술이 등장했을 때, 앞으로 곧 공상과학 영화의 한 장면이 현실화되리라는 기대가 컸다. 하지만 시장의 반응은 전혀 달랐다. 이러한 반응에는 부적절한 마케팅, 높은 통화료, 비즈니스 모델로서 부적합 등 다양한 원인이 있을 수 있다. 그중 가장 큰 원인을 꼽자면, 영상이 음성보다 더 우월한 통신 수단이라고 섣불리 판단한 것이다.

　음성 통화와 달리 영상 통화는 스피커폰 기능을 이용해야 해서 통화 내용이 주위에 다 들리고, 그러기 싫다면 이어폰을 사용해야 해서 번거롭다. 또한 상대방에게 현재 자신의 모습이나, 통화하는 장소를 보여주는 것이 부담스럽기도 하다. 앞으로 화상통화 서비스가 어떤 비즈니스 형태로 다시 주목을 받을지는 모르지만, 한 가지 확실한 사실은 기술이 혁신적이라고 해서 반드시 시장에서 성공한다는 보장은 없다는 것이다.

# 지식과 방법론에만
# 매몰되지 말자

콘퍼런스나 세미나를 찾아다니며 최신 트렌드를 파악하거나, 책을 읽고 특강을 들으며 혁신 관련 유용한 지식과 기술을 배우는 일은 바람직한 자세다. 하지만 벤치마킹이나 학습 목적으로는 좋으나, 스스로 고민하고 시행착오를 겪으며 과제 해결력을 길러나가는 데는 한계가 있다.

머릿속으로만 쌓아온 혁신 관련 지식과 방법론 등에는 두 가지 주요 동력이 결여되어 있다. 그것은 바로 '실행 주체로서의 나'와 '실행을 해나가는 힘'이다. 시중에서 접하게 되는 혁신 사례나 방법론은 모두 '내가 아닌 남'이 이루어낸 경험이다. 그 경험의 결과물을 '눈과 머리로만 이해하고 축적한다면 간접 체험'에만 머무르게 된다. 지식과 방법론을 많이 알고 있다고 해서 반드시 혁신이 성공하는 건 아니다.

예를 하나 들어보자. 파리와 벌이 위기에 처했을 때 어떻게 탈출하는지 비교한 실험이 있다. 파리 다섯 마리와 벌 다섯 마리를 한 유리병에 넣었다. 그 뒤 병의 바닥은 밝은 창문 쪽으로 향하게, 병의 입구는 창문 반대 방향으로 향하게 눕혔다. 몇 분 뒤 파리들은 벽에 부딪히다가 입구를 찾아내어 탈출에 성공했다. 하지만 벌들은 달랐다. 벌들은 밝은 쪽에 모여 계속 출구를 찾으려 애쓰고 있었다. 벌에게는 빛이 보이는 쪽으로 날아야 한다는 본성이 있어서 그렇게 행동한 것이다. 하지만 밝은 쪽은 병의 바닥이었고, 끝까지 출구를 찾지 못한 벌들은 힘이 다해서 죽고 말았다.*

이 실험을 혁신의 관점에서 보았을 때 '관련 지식으로 중무장한 사람은 자칫 많은 지식 때문에 오히려 고정관념에 빠지기 쉽다'는 메시지를 얻을 수 있다. 다양한 지식과 사례를 배우고 축적하는 것은 혁신의 자양분이 될 수 있지만 "이건 안 된다 그랬지", "이건 이미 누가 만들었구나", "설마 내가 이걸 할 수 있을까?" 하는 식으로

---

* 톰 피터스·로버트 워터맨, 《초우량 기업의 조건》, 이동현 옮김, 더난출판사, 2005.

실행하기도 전에 자신을 방법론과 규칙에 가두어 아무것도 시도하지 못하는, 식자우환識字憂患에 빠져서는 안 된다는 것이다.

직접 실행하여 자신의 것으로 체화하지 않으면, 언제까지나 혁신 사례를 읽거나 듣는 사람으로만 머물게 된다. 마치 운전면허증은 있지만 운전은 하지 못하는 사람처럼 말이다.

# 혁신과 개선을
# 구분하려 하지 말자

국어사전에서 '개선'과 '혁신'의 뜻을 찾아보았다.

- **개선**改善 잘못된 것이나 부족한 것, 나쁜 것 따위를 고쳐 더 좋게 만듦. (예: 입시제도 개선, 유통구조 개선, 관계 개선)
- **혁신**革新 묵은 풍속, 관습, 조직, 방법 따위를 바꾸어서 새롭게 함. (예: 혁신 세력, 제도 혁신, 교육 혁신)

이 둘의 의미를 굳이 구분해보자면 개선에는 '더 좋게 만든다'는 뉘앙스가, 혁신에는 '완전히 바꾼다'는 뉘앙스가 있겠다. 바로 다음 예시도 살펴보자.

- 지우개를 자꾸 잃어버리는 것이 불편해 연필 끄트머리에 매단 제품을 출시한 것
- 점심 시간에 카페에서 오랫동안 기다리지 않도록 미리 스마트 폰 앱에서 주문하고 바로 픽업할 수 있도록 한 것
- 일(-)자 모양 나사를 조일 때 드라이버가 자꾸 빠져서 십(+)자 모양으로 홈을 파 드라이버와 나사가 더 잘 맞물리도록 한 것
- 지갑을 빵빵하게 차지했던 멤버십 카드들을 하나의 어플리케 이션에 담은 것

위의 예시에서 무엇이 개선이고 무엇이 혁신일까?

작고 사소한 변화라서 모두가 이것을 '개선' 정도에 불과하다고 생각할 것이다. 하지만 필자는 작은 변화는 개선이고 큰 변화는 혁신이라는 식의 구분짓기를 반대한다. 그리고 개선은 우리 주변에서 찾고 혁신은 먼 곳에서 찾으려 하는 자세도 버려야 한다고 생각한다.

위의 예시를 잘 살펴보자. 모두 사용자의 불편함과 어려움에서 잠재된 니즈를 발견하여 작은 개선으로 큰 변화를 이끌어낸 것들

이다. "그건 혁신이 아니라 개선이잖아"라고 냉대할 시간에 한 번이라도 더 사용자의 입장이 되어 불편함과 숨은 니즈를 찾아내자. 혁신이라고 해도 좋고 개선이라고 해도 좋다. 사용자에게 더 나은 가치와 경험을 선사하는 것이 궁극적으로 추구해야 할 일이기 때문이다.

2부

# 혁신을 찾는 방법론, 왜 디자인씽킹인가

# 혁신 프로세스로
# 사용자 공감
# 훈련하기

1부에서는 지금까지 우리가 혁신에 가졌던 인식과 혁신에 대한 태도, 그리고 우리가 혁신에 너무 무겁고 부담스러운 마음으로 접근한다는 점을 짚어보았다. 2부에서는 혁신 수행에 필요한 가장 중요한 요소가 무엇인지 살펴보고자 한다.

우리가 혁신을 통해 바꾸어야 한다고 생각하는 것들은 상품, 서비스, 제도, 프로세스 등 눈에 보이는 결과물이다. 하지만 결과물에만 매몰되어 한 방에 바로 바꾸려고 하는 것은 상당히 무모하고 무책임한 접근이다. 마치 좋은 아이디어를 내기 위해 "혁신적인 아이디어 좀 내봐!" 하면서 닦달하는 것과 같다.

좀 더 풀어서 이야기하자면, 결과물을 무작정 바꾸는 것이 성공을 보장해주는 것은 아니라는 점이다. 즉 사용자(고객)가 진짜로 필요로 하거나 기대하는 것과 거리가 있거나 관계가 없는 것들로 바꾸게 될 경우 비용을 많이 투입하고 고생을 엄청나게 하고도 성과를 제대로 거두지 못하는 결과로 이어지기 쉽다. 그렇다면 혁신적 결과물을 제대로 얻어내기 위해서는 어떻게 해야 하는가?

우리가 바꾸거나 새롭게 해야 할 대상은 혁신의 관점에서 엄밀하게 보면 결과물 자체가 아니다. 결과물은 혁신 수행의 결과로 주어지는 산출물일 뿐이다. 궁극적으로 결과물을 도출해내는 방법을 바꾸어야 한다.

우선 혁신을 수행하는 마음가짐, 태도, 접근방식을 바꿔야 한다. 따라서 지금껏 우리가 지녀왔던 마음가짐('내가 전에도 해봐서 아는데 그건 안 될 게 뻔해', '이렇게 구현해주면 사용자들이 너무 좋아서 다른 건 안 쓰고 이것만 쓸 거야', '이 바닥에서 나만큼 잘 아는 사람은 없어' 등)을 바꾸자.

또한 우리가 가져왔던 고정관념('사용자의 그런 행동이 뭐 별 의미가 있나?', '그건 원래 그랬던 거 아냐?', '거기에 대한 해결책은 당연히 이런 거야' 등)도 버리자.

그리고 고객이 기대하는 것을 알기 위한 방법에서도 피상적이거나 수동적인 파악 수준('고객이 이걸 좋아한다고 이야기했으니 그대로 해주면 성공적일 거야', '고객이 불편하다고 말하지 않았으니 별 문제 없어', '고객이 상품을 구매했으니 우리는 성공한 것 아닌가요?' 등)에 그치지 말자.

한마디로 지금까지 공급자 위주에서 생각하고 판단하고 계획했던 마음가짐과 자세를 이제는 사용자 중심으로 바꿔야 한다. 사용자에게 더 다가가야 한다. 그리고 그 사용자의 말과 행동, 생활에 숨어 있는 진정한 욕구를 찾아내기 위해 우리의 모든 촉을 곤두세워야 한다. 그 욕구를 정확하게 해결해주는 방안은 지금까지 우리가 생각해왔던 방식만 고집해서는 만들어내기 어렵다. 설사 만들어내더라도 차별적 경쟁력을 갖추지 못한 채 고객에게 선택받지 못하는 결과물이 되기 쉽다. 창의성과 새로운 관점에 더해 기존 상품과 서비스를 새롭게 다시 정의한다는 자세가 필요하다.

이처럼 혁신을 성공적으로 수행하기 위해 갖추고 강화해야 할 요소들을 종합해보면 '사용자의 입장에 서서, 사용자를 제대로 공감하고, 사용자의 진짜 문제를 찾아내는 것. 그리고 이를 해결하기 위해 고정관념과 타성에서 벗어나 창의적이고 정확한 해결방안을 도출해내는 것'으로 정리할 수 있다.

이는 디자인씽킹의 기본 철학이자 방법론과 궤를 같이하는 내용들이다. 결국 혁신을 수행하는 프로세스로서 디자인씽킹의 철학과 방법론을 활용한다면, 이미 혁신 수행을 위한 제대로 된 길을 걷고 있는 것일고 생각해도 무방하다.

혁신 수행을 위한 디자인씽킹 이야기를 본격적으로 하기 전에, 독자 여러분이 디자인씽킹을 처음 접했든, 또는 이미 디자인씽킹을 활용하고 있든 상관없이 디자인씽킹에 대해 간략하게 함께 눈높이를 맞춰보는 시간을 갖겠다. 시중의 많은 책자, 그리고 강의와 워크숍에서 디자인씽킹의 개념, 배경 등을 상세히 다루고 있으니 그러한 부분은 여기서 구체적으로 언급하지 않겠다. 다만 디자인씽킹

활용에 필요한 전체적인 프로세스를 함께 짚어볼 것이다. 독자 여러분은 지금부터 소개하는 이 프로세스들이 자신에게 최선이고 최적의 방법인가에 대해 고민해보길 바란다.

우선, 디자인씽킹을 다룬 대표적인 서적인 《디자인씽킹, 경영을 바꾸다》(초록비책공방, 2016)에서는 디자인씽킹 프로세스를 네 단계로 구분한다.

**1단계**   무엇이 보이는가 What is?
**2단계**   무엇이 떠오르는가 What if?
**3단계**   무엇이 끌리는가 What wows?
**4단계**   무엇이 통하는가 What works?

디자인씽킹의 요람이라 할 수 있는 스탠포드 대학교 디스쿨 d.school에서는 다섯 단계로 구분하여 설명한다.

**1단계**   공감 Empathize
**2단계**   문제 정의 Define
**3단계**   아이디어 도출 Ideate
**4단계**   시제품·시안 제작 Prototype
**5단계**   시험 Test

디자인씽킹, 디자인 혁신 컨설팅 회사로 명성이 높은 아이데오 IDEO에서는 총 여섯 단계로 프로세스를 구성하여 활용한다.

**1단계** 관찰Observation

**2단계** 아이디어 도출Ideation

**3단계** 신속한 시제품·시안 개발Rapid Prototyping

**4단계** 사용자 피드백 수렴User Feedback

**5단계** 반복 실험Iteration

**6단계** 적용Implementation

각 프로세스의 단계 개수가 다르기에 서로 다른 방법론처럼 보일 수 있다. 하지만 자세히 들여다보면 그 단계가 네 개든, 다섯 개든, 여섯 개든 큰틀에서 동일한 내용을 담고 있음을 알 수 있다. 단지 프로세스를 정의하는 곳의 특성에 따라 좀 더 강조하거나 통합·구분이 필요하다고 판단되는 부분을 유연하게 조정한 것뿐이다.

어떤 프로세스를 활용하든 디자인씽킹의 궁극적인 목적은 '사용자의 입장을 제대로 헤아려 문제를 정확히 찾아내고, 이를 창의적으로 해결할 방안을 만들어서 사용자에게 제공하는 것'이다.

이러한 목적을 이루기 위해 '사용자의 입장이나 불편함에 공감Empathize'하고, '깊이 고민하고 분석하여 문제점을 도출Define'해내며, 이를 해결하기 위한 '창의적 아이데이션을 수행Ideate'하고, 문제를 정확히 해결할 수 있는 '아이디어를 빠르게 시제품Prototype'으로 만들어 '사용자에게 테스트Test하고 피드백을 받아서 보완'하는 과정을 반복하여 궁극적으로 사용자에게 더 나은 가치를 제공한다.*

디자인씽킹 프로세스 각 단계는 어느 하나 소홀히 할 수 없다. 그 중 가장 중요한 단계를 꼽으라면, 필자의 경험에 비추어볼 때 '사용자를 공감하고 문제를 정의하는 단계'다. 그 이유는 다음과 같다.

일반적으로 상품·서비스를 기획해서 만들기 위해서는 그 상품(서비스)이 왜 필요한지 정확히 알아야 한다. 상품(서비스)이 필요한 상황, 즉 그 상품(서비스)이 지금은 없거나 미흡하지만 만약 그 상품(서비스)이 있다면 충분히 해결될 수 있는 (해결되지 못한) '문제점'을 제대로 파악해야 한다. 그래야 그 문제점을 정확하게 해결해줄 수 있는 상품(서비스)이 나올 수 있다. 이를 바꿔 말하면, 문제점을 제대로 파악하지 못하면 사용자(고객)의 관심이나 선택을 받을 수 없다는 것이다.

문제점을 정확히 파악하기 위해 사용자의 입장을 헤아리는 것이 디자인씽킹에서 가장 기본이면서 중요한 단계이자 활동이다. 그렇

---

* 필자가 공동 저자로 참여한 《디자인씽킹으로 일 잘하는 방법》(초록비책공방, 2018)에서는 디자인씽킹의 철학과 방법론에 입각하여 팀 프로젝트 형태로 수행해볼 수 있도록 디자인씽킹을 가이드하고 있다. 각 프로세스의 의미와 중요성, 그리고 해당 프로세스에서 활용할 방법론(툴)들의 수행방법과 의미, 아울러 실제 현장에서 진행되었던 사례와 교훈 등이 함께 담겨 있다. 이러한 내용에 기반해 하루나 이틀 정도의 팀 워크숍 형태로 디자인씽킹을 수행해보고자 한다면 《디자인씽킹을 활용한 ONE DAY 팀 워크숍》(밥북, 2017)도 참고해보면 도움이 될 것이다.

다면 이런 질문이 생길 수 있다.


"어떻게 해야 사용자를 제대로 파악하고 공감할 수 있나요?"


디자인씽킹에서 사용자 공감을 위해 수행하는 방법론에는 여러 가지가 있다. 사용자 인터뷰, 관찰 조사, 다이어리, 사용자 입장(환경)에서 사용자처럼 활동해보기 등이 그것이다. 이 중에서 주제와 목적에 맞게 선택하여 수행하면 된다. 하지만 이 방법론들을 모두 잘 안다고 해서 반드시 사용자를 잘 공감하는 것은 아니다. 사용자 공감은 방법론을 알기보다는 사용자의 입장에서 왜 사용자가 그런 행동과 생각을 했을지 한 번 더 고민해보고 분석해볼 때 더 잘 해낼 수 있다.

공감의 대상은 우리 일상의 모든 사람들이다. 특정 소수만을 위한 상품·서비스가 아닌 한, 대부분의 상품·서비스는 우리 주변 사람들이 그 사용자가 될 것이다. 주변 사람들의 행동, 생각, 생활을 깊이 들여다보고 그 사람의 입장에서 역지사지해보면 충분히 우리가 바라는 '사용자 공감'이 수행될 수 있다. 또한 그렇게 발견해낸 인사이트를 정교하게 정리해나가면 사용자가 안고 있는, 하지만 사용자 자신은 잘 모르고 있는, 잠재된 니즈를 도출해낼 수 있다.

실제 현장에서 디자인씽킹의 '공감하기' 과정을 수행하다 보면 사용자(고객)의 잠재 니즈는 사용자의 입을 통해서는 나타나지 않는 경우가 무척 많다. 그럼에도 불구하고 디자인씽킹을 행하는 많은 사람들이 사용자(고객)가 '이야기한' 불만·불편·욕구에 기대어서 니즈를 도출하려고 한다. 이는 일견 무척 편하고 수월한 방법처럼 보인다. 사용자(고객)가 직접 '불편하다·불만이다·해주었으면 좋겠다'와 같은 식으로 표현했기 때문이다.

하지만 이런 명시적 욕구Explicit Needs에는 진정한 니즈가 나타나지 않는다. 인터뷰 진행자에게 좋은 답(또는 인터뷰 진행자가 듣기 원할 것 같은 답)을 하기 위해 답변 차원에서 이야기한 것일 수 있기 때문이다. 때로는 불편한 적이 한 번도 없거나 만족했으면서도 '불편하다'고 이야기하는 경우도 있다.

디자인씽킹 '공감하기'에서 가장 중점을 두어야 할 것은 '잠재적 니즈는 직접 언급되지 않는다'는 것이다. 인터뷰를 하든, 사용자 행동·생활을 관찰하든 디자인씽킹을 수행하는 우리가 그들의 말과 행동에서 그 안에 잠재된 의미와 문제를 읽어내고 찾아내야 한다. 이러한 점이 바로 디자인씽킹의 난제이면서, 짜릿한 매력이기도 하다.

이 잠재된 니즈를 찾아냈다는 것은 새로운 고객, 새로운 상품·서비스, 새로운 기회 영역으로 가는 정확한 이정표를 얻은 것과 같다. 그렇다면 이 문제점을 해결할 방안을 만들어 제공하면 될 일이다. 물론 유사한 해결방안에서 약간의 기능이 추가되거나 성능이 개선되는 정도에 그치기 쉽다. 제공자 입장에서는 새로운 해결방안이라 생각할 수 있지만, 사용자(고객)에게는 그리 매력적인 해결책이 아닐 수 있기 때문이다. 이런 해결책은 사용자에게 선택받을 확률이 높지 않을뿐더러 성능이 앞선 또다른 방안(상품·서비스)에 금세 뒤쳐지는 결과로 이어질 가능성이 농후하다. 그렇기 때문에 해결방안을 만들어내는 아이데이션 과정, 즉 아이디어 도출 과정에서 문제(니즈)의 본질에 집중해야 한다.

예를 들어 '선풍기'라는 상품이 해결하고자 하는 문제(니즈)의 본질은 무엇일까? 바로 사용자를 시원하게 해주는 것이다. 하지만 디자인씽킹 아이데이션 실습을 하다 보면 참가자들이 '선풍기=날개'라는 고정관념에서 벗어나지 못하는 경우가 자주 발생한다. 그러다 보니 해결방안은 선풍기 날개의 재질, 개수, 크기 등 기존에 정의된 성능이나 기능을 변경하는 수준을 벗어나지 못하곤 한다. 다이슨사의 날개 없는 선풍기처럼 '날개가 없더라도 사용자를 시원하게만 해줄 수 있으면 된다'는 것이 아이데이션에서 가져야 할 중요한 자세이다. 즉 창의적 아이데이션을 위해서는 고정관념을 내려놓고, '나는 모든 것을 할 수 있는 신이다'는 생각으로 임하거나 '아직 아무것도 잘 몰라서 무엇이든 일단 시도해보는 어린아이'와 같은 마음가짐을 가질 필요가 있다.

디자인씽킹 후반부에서는 아직 개념 정도에 머무르고 있을 아이디어를 시제품의 형태로 만들어야 한다. 그 이유는 '커뮤니케이션'을 원활히 하기 위해서다. 니즈 해결에 집중한 아이디어를 명확하게 담은 시제품은 백 마디 말보다 명확한 전달력을 지닌다. 실제 상품화를 위해 함께 협업하고 있는 유관 부서의 직원들과 콘셉트의 정확한 모습과 개념을 공유할 수 있는 좋은 방법이다. 구구절절 수십 장 작성한 문서보다 실제 상품·서비스의 시제품(서비스라면 시나리오 형태로 구현되는 경우가 많음)이 정확히 이해될 확률이 훨씬 높다.

또한 이 시제품을 실제 사용자들에게 보여주고 경험해보게 하여 피드백을 받아 수정하고 보완하는 과정이 필요하다. 이때 시제품이 해결하고자 하는 가치를 명확히 커뮤니케이션하기 위해서는 핵심을 명료하게 담아 제작해야 한다. 이는 비단 사용자뿐 아니라 스스로도 아이디어 콘셉트가 어떻게 구체화되고 작동하게 되는지 인지하는 효과가 있다.

이런 과정을 통해 시장(실제 환경)에서 사용자에게 선택받을 확률을 최대한 높여가는 일련의 과정의 반복, 그리고 그 과정에 임하는 마음가짐과 접근 방식. 이것이 바로 디자인씽킹의 모든 것이라고 할 수 있다.


지금까지 디자인씽킹을 이야기하면서 각 단계를 구태여 자세히 구분하고 설명하지 않았다. 그 이유는 그렇게 하더라도 디자인씽킹의 전반적인 그림이 완성될 수 있다는 걸 전달하기 위해서다. 단계의 이름, 순서, 개수, 방법론의 절차 등에 너무 얽매이지 말자는 뜻이다. 그저 눈을 크게 뜨고, 마음을 열고, 그 마음에 사용자를 헤아리고 배려하는 공감의 열정으로 가득 채우자. 그리고 지금까지의 고정관념을 벗어나 어린아이처럼 상상의 나래를 마음껏 펼쳐보자. 멋진 결과물을 만들어 사용자에게 만족과 감동을 선사하는 것, 그 자체가 바로 디자인씽킹 철학이자 방법론이다.

디자인씽킹의 철학과 방법론에 공감하고 프로세스 단계별 의미와 활용법에 대해 제대로 이해했다 하더라도 실제로 디자인씽킹을 수행하고자 하면 여전히 어디에서부터, 무엇을, 어떻게 시작해야 할지 애매한 경우가 많다. 그 이유는 내가 가장 쉽게 접근할 수 있고 지속 활용할 수 있는 디자인씽킹이 아직은 아니기 때문이다.

이런 상황에 처한 사람들을 위해 수년간 디자인씽킹을 현장에서 활용해온 필자 입장에서 뭔가 돌파구를 마련해야 한다는 사명감과 의무감이 강하게 들었다. 그래서 우선적으로 지금까지 필자가 쌓아온 디자인씽킹 프로젝트 경험, 그리고 여러 프로젝트를 수행하면서 얻은 교훈점을 찬찬히 리뷰해보았다. 아울러 여러 디자인씽킹 관련 학교와 기관에서 정의하고 정리한 다양한 형태의 디자인씽킹 프로세스들을 다 풀어헤쳐 각각의 특징과 장단점을 분석했다. 그 결과 '혁신의 습관으로서 디자인씽킹' 실행을 위한 핵심 요소들을 추렸다.

이를 기반으로 우리가 일상에서 아주 쉽게 실천할 수 있고, 이를 지속적으로 수행해볼 수 있도록 '미니 프로세스'로 정리하였다. 간략하긴 하지만 디자인씽킹의 철학과 전체 프로세스를 모두 녹여내

었기 때문에 부담 없이 시도해볼 수 있으리라 본다. 다음 이야기를 먼저 읽어보자.

갓 결혼한 부부가 있었다. 알콩달콩 행복한 시간을 보내던 결혼 첫해, 추석이 다가왔다. 시댁은 서울에서 꽤 먼 지방에 있었다. 부부는 가져갈 짐도 있는데다 혹시 올라오는 길에 부모님께서 이것저것 더 챙겨주실 거라 예상해 운전해서 내려가기로 했다. 출발한 지채 한 시간도 되지 않아 고속도로는 귀성 차량으로 가득 찼다. 주차장을 방불케 하는 도로 위에서 부부는 열 시간이 넘어서야 시댁에 도착할 수 있었다.

독자 여러분도 예상했겠지만 문제는 지금부터다. 남편은 본가에 도착하니 몸과 마음이 마냥 편해졌다. 반면 아내는 그렇지 않았다. 결혼 후 첫 명절, 낯선 시댁 식구들 틈에서 눈치를 보며 말 한마디, 행동 하나까지 조심스러웠다. 계속되는 명절 음식 준비에 어깨며 허리도 아팠다. 철 없는 남편은 아내가 만들어놓은 음식을 집어 먹기도 하고, 낮잠도 자다가 어느 샌가 소파에 누워 줄곧 텔레비전만 본다. 이렇게 명절 하룻밤을 시댁에서 보낸 뒤 부부는 다음 날 서울 집으로 다시 돌아왔다.

돌아오는 차에서도, 집에 도착한 뒤에도 아내의 표정이 좋지 않다. 남편도 아내의 명절 스트레스를 모르는 것이 아니다. 그래서 잘 때 아내의 어깨와 다리를 주물러주기도 했다. 하지만 그것만으로는 아내의 마음이 풀리지 않는 듯했다. 이를 해결하고 싶은 남편이 아내에게 말을 건넨다.

"여보, 고생 많았어. 시댁 다녀오는 거 힘들었지? 당신 고생했으니까 우리 다음주에 여행이나 다녀올까? 아니면 당신 옷 한 벌 사줄까?"

아내는 여전히 불만 섞인 목소리로 대답한다.

"괜찮아, 여보. 그런데 시댁 오고갈 때 열 시간씩 길 위에서 보내는 게 너무 힘드네."

남편은 머릿속이 환해지는 것 같았다. 아내의 대답으로 고속도로에서 열 시간 동안 지루하게 보내는 것이 힘들다는 확신이 생겼다. 남편으로서 해줄 방법이 무엇일지 고민했다. 그리고 아내에게 자랑스럽게 말했다.

"여보, 다음 명절부터는 운전해서 가지 말고 KTX나 비행기 타고 가자. 길 위에서 지루하게 시간 낭비를 너무 했지?"

하지만 아내의 표정은 남편이 기대했던 것과 달랐다. 오히려 지금 그걸 결정해야 하냐고 짜증을 냈다. 당황한 남편이 다시 이야기한다.

"그럼 여보, 다음 명절에는 차라리 하루 정도 더 있다가 고속도로가 안 막힐 시간에 올라올까?"

아내의 표정은 이내 화난 얼굴로 변했다. 남편은 도대체 뭐가 문제인지 고민이 깊어진다.

이 이야기를 디자인씽킹 관점에서 한번 생각해보자. KTX나 비행기를 이용한다면 먼 지방의 시댁까지 금세 다녀올 수 있다. 그런데도 아내가 기뻐하지 않는 이유는 무엇일까? 남편은 대체 무엇을 잘못하고 있는 걸까?

남편은 본인의 기준과 아내의 피상적인 대답에서 아내의 고통과 어려움을 이해하려 들었다. 그 결과 아내가 열 시간 동안 고속도로에서 보내는 것을 싫어한다고 생각했으며 이것을 해결해주면 아내가 만족하리라 생각했다. 하지만 아내의 실제 어려움을 찾아본다면, 남편이 엉뚱한 해결책을 제시했음을 알 수 있다.

사실 차에서 보내는 시간은 아내에게는 그다지 고통스러운 시간이 아니다. 오히려 시댁에 조금이라도 늦게 내려가는 구실이자 명분이 된다. 낯선 시댁에서 갓 결혼한 며느리는 손님도 아니고 가족이라기엔 어렵기만 한 입장이다. 이왕이면 조금이라도 늦게 도착하고 싶고, 또 조금이라도 빨리 떠나고 싶은 게 인지상정이다.

하지만 남편이 제시한 해결책을 보자. KTX나 비행기는 오히려 아내가 시댁에 일찍 도착하게 하여 머무는 시간을 늘리게 한다. 하루를 더 있다가 도로 상황이 나아졌을 때 돌아오자는 제안 역시 아내에게 달갑지 않기는 마찬가지. 차라리 한밤중에 도착하더라도 서둘러 돌아오고 싶을 수 있다.

결국 남편이 해결책으로 제안한 것들은 아내의 니즈를 하나도 해결하지 못하고 불만만 더 키우는 일이었다.

비즈니스를 하면서 범하게 되는 오류 대부분이 바로 위의 예시와 같은 흐름에서 발생한다. 디자인씽킹을 활용해서 비즈니스 프로젝트를 수행한다 하더라도 '공감하기Empathize'를 제대로 수행하지 못하면 이와 같은 오류에서 벗어나기 힘들다.

남편이 서비스 제공자(기획자)이고 아내가 사용자(고객)라고 생각해보자. 시장의 고객들에게 상품이나 서비스를 제안할 때 남편이 제안하듯 한다면 과연 고객들은 그것을 선택할까?

바쁘다는 이유로, 혹은 익히 잘 알고 있다는 이유로 사용자의 실제 경험을 살피거나 현실을 이해하려는 노력을 하지 않고, 추측과 판단, 그리고 경험에 비추어 상품과 서비스를 기획하는 경우 위의 사례처럼 KTX나 하룻밤 더 자고 오자는 엉뚱한 해결책을 제시하게 될 것이다. 기획자의 책상은 시장이 결코 아님을 잊지 말자.

혁신 습관을
만드는 훈련법,
반쓰BANS 프로세쓰

디자인씽킹의 철학과 방법론의 핵심을 정리하면 다음과 같다.

'사용자'의 입장을 제대로 '공감'하여 사용자의 '현실'에 기반한 '진짜 문제Needs'를 도출하고, 이를 '정확'하게 해결하는 '창의적'인 '해결 방안'을 만드는 것. 이러한 과정을 훈련할 수 있는 미니 프로세스를 지금부터 소개하고자 한다. 심플하면서도 사용자(고객)의 현실에 기반한 프로세스다. 필자는 이를 '반스BANS'라고 이름 지었다.

독자 여러분 또한 일상에서 혁신의 실마리를 잡는 훈련법으로 손쉽게 활용할 수 있을 거라 확신한다. 이것이 습관화되면 분명 '혁신 습관으로서 디자인씽킹'을 성공적으로 활용할 수 있을 것이다. 상품·서비스 기획자 또는 창업자도 부담 없이 자신의 업무와 비즈니스에 적용해볼 수 있을 것이다.

반스 프로세스는 1. 행동관찰Behavior Observation, 2. 특이점 발견Awkwardness Detection, 3. 니즈 정의Needs Definition, 4. 해결방안 도출Solution Building

의 앞머리 알파벳을 모아 만든 단어다. 간단히 설명하자면 다음과

같다.

**(B) 1단계: 행동관찰**      일상에서 펼쳐지는 다양한 현상이

나 행동을 관찰한다.

**(A) 2단계: 특이점 발견**      그것에서 특이한 행태나 패턴 또

는 정상적인 행동에 지장을 주는 요소 등을 발견한다.

**(N) 3단계: 니즈 정의**      그것을 기반으로 사용자가 진정으

로 원하는 것을 찾아낸다.

**(S) 4단계: 해결방안 도출**      이에 대한 해결방안을 만든다.

각 단계가 어떻게 진행되는지 좀 더 세부적으로 살펴보도록 하자.

## (B) 1단계: 행동관찰(Behavior Observation)

### ○ 일상생활에서 조금씩 관찰하는 습관을 더하자

첫 단계는 '행동관찰'이다. 이 단계에서는 지금까지 늘 하던 것처

럼 하루하루 눈앞에 펼쳐지는 여러 행동, 그리고 그 행동으로 인해

생겨나는 현상을 관찰하면 된다.

아침에 일어나서 씻고, 밥 먹고, 집을 나서고, 거리를 걷고, 버스나 지하철을 타고, 스마트폰으로 누군가와 통화를 하고, 동영상을 보고, 학교나 사무실에서 일을 하거나 휴게실에 가고, 친구나 동료와 식당에 가서 밥을 먹고, 커피숍에 가서 커피를 주문해서 마시고, 저녁에는 마트에 가서 장을 보고, 애인을 만나서 데이트를 하거나 가족과 함께 외식을 하고, 집에서 청소나 설거지를 하고, 주말에는 주변 산책을 하거나 쇼핑몰에 가서 친구를 만나는 등 내 주변에서 펼쳐지는 모든 행동, 그리고 그 행동과 관련되어 나타나는 현상을 관찰한다.

어렵지도 않고 새롭게 뭔가를 해야 하는 것도 아니다. 다만 한 가지 신경 써야 할 사항은 위의 행동들을 할 때 지금부터는 조금씩 질문하는 습관을 더해 해보는 것이다. 당연시하며 지나쳤던 행동이나 현상에 대해 이제부터는 '저건 왜 저렇지?', '저 사람은 왜 저렇게밖에 할 수 없지?', '저 사람은 왜 저 상황에서 짜증을 내지?' 같은 방식으로 생각해보는 것이다.

가령 아침에 등교하는 자녀가 얼굴이 뾰루퉁해서 집을 나설 경우, 지금까지는 '애가 학교 가서 공부하기 싫어서 그러나 보다!'라고 생각했다면 이제부터는 '왜 내 아이 얼굴이 저렇게 뾰루퉁하지?'라고 생각하면서 아이의 행동을 유심히 관찰하는 것이다. 필요하다면 아이가 아침에 등교하기 전후의 행동을 연결지어보거나, 어제와 오늘의 행동을 비교해보아도 괜찮을 것이다.

일상을 관찰해나가다가 매일 반복되는 모습이 단조롭다면 가끔씩 시간 여유를 내서 가볍게 '혁신 여행'을 떠나는 것도 좋다. 점심 식사 후 30분 정도 여유를 내어 지금까지 다녀보지 않았던 거리를 산책한다거나, 주말 아침에 옆 동네를 걸어보는 식이다. 또는 아침 출근길에 지금까지 다녔던 길이 아닌 곳으로 다녀보거나, 같은 길이라도 반대 방향으로 걸어보면서 관찰해보는 것도 좋을 것이다.


## ⬆ 전문 리서처에게도 사용자의 일상 관찰은 중요하다

디자인 컨설팅 회사인 프로그 디자인Frog Design의 크리에이티브 디렉터 얀 칩체이스Jan Chipchase는 그의 저서 《관찰의 힘Hidden in Plain Sight》(위너스북, 2013)에서 "리서치를 위해 타지에 가면, 매일 현지 이발소에 가서 면도를 하거나 자전거를 타고 거리를 다닌다"고 말했다.

흔히 글로벌 리서치를 가게 되면, 묵고 있는 호텔을 중심으로 현지 생활을 경험하고, 리서치 업체에서 제공하는 회의실에서 사용자 인터뷰를 하고, 현지 협력업체 직원들만 만나다가 돌아오는 경우가 많다. 그러다 보면 가장 밀착해서 생활을 파악하고 이해해야 할 대상인 사용자(고객)에게서는 피상적인 면만을 보게 되어 잘못된 판단을 내릴 수 있다. 이러한 오류를 방지하고 사용자의 일상에서 소중한 인사이트를 찾아내기 위해 얀 칩체이스는 노력한 것이다.

필자도 리서치 업체의 회의실이나 '토즈' 같은 회의실 대여 공간에서 사용자 인터뷰를 한 적이 있다. 사용자의 경험이 펼쳐지는 장소와는 전혀 연관이 없는 곳에서 인터뷰를 하니 사용자 행동의 정확한 원인이나 맥락을 파악하기 어려웠고, 사용자도 본인의 행동이나 주변 맥락을 모두 말로 표현하지 못하는 경우들이 생겼다. 결국 인터뷰 답변에서 얻어내야 하는 중요한 사실들을 놓치게 되는 안타까운 결과가 나오곤 했다. 그래서 필자가 중요하게 생각하는 리서치 원칙은 '사용자의 맥락 속으로'이다. 인터뷰 대상자가 강하게 거부하지 않는 한, 사용자 인터뷰는 사용자의 집이나 실제 작업장에서 수행한다. 여기저기 숨어 있던 사용자의 행동과 연관된 중요한 인사이트가 나타나기 때문이다.

A라는 사용자의 집에 방문하여 인터뷰를 했을 때의 이야기다. A는 본인의 가방과 지갑 속에 들어 있는 쿠폰과 신용카드 등의 관리와 활용에 대해 이야기를 하다가 문득 보여줄 게 있다면서 먼지가 쌓인 앨범 한 권을 가지고 왔다. 앨범에는 그가 그동안 여행을 다니면서 챙긴 가게 명함이 차곡차곡 꽂혀 있었다. 그는 명함을 하나하나 꺼내면서 추억들을 들려주었다.

친구들과 함께 강원도에 여행 갔던 일, 들렀던 횟집에서 주인에게 숙소를 구하지 못했다고 말하니 잘 곳을 저렴하게 제공해주었던 일 등이었다. 그 앨범에는 전국을 다니며 구입했던 기차표 역시 연도별로 차곡차곡 자리를 잡고 있었다. 그는 기차표를 하나하나 꺼내면서 누구와 언제 어디를 여행했는지, 당시 만든 추억은 무엇인지를 고스란히 들려주었다.

잘됐다 싶어서 혹시 또 다른 앨범이 있으면 보여달라고 하자 조심스럽게 앨범 하나를 더 가지고 왔다. 영수증을 모아둔 앨범이었다. 온갖 영수증을 버리지 않고 뒷면에 뭔가를 적어서 보관하고 있었다. 당시 누구와 어디에 갔는지, 가서는 무엇을 사고, 무엇을 먹었는지 등이 적혀 있었다. 그는 그걸 종종 꺼내 보면서 당시를 기억하고 회상한다고 했다. 영수증을 보관하는 것 자체가 추억을 보관하는 의미였던 것이다. 명함, 기차표, 영수증은 1차적으로 경제활동을 증빙하는 기능을 하지만, 스토리와 감성을 담는 역할을 한다는 것을 알게 된 기회였다.

만약 이 인터뷰를 집이 아닌 리서치 업체 회의실에서 했다면 아마도 A는 그저 단순한 수집가로 파악되었을 수 있고, 그가 품고 있던 '경제활동 이면에 어린 추억'은 존재하는지도 모르고 지나쳤을 것이 뻔하다.

## ◎ 혁신의 실마리는 '패턴'과 '자구책'에서 찾아보자

2단계는 '특이점Awkwardness'(어색함·다루기 어려움·거북함·서투름)을 찾아내는 단계다. 사실 이 단계는 첫 번째 단계의 다음 단계라기보다는 첫 번째 단계와 동시에 진행되는 프로세스이다. 첫 번째 단계는 누구나 조금만 연습하면 할 수 있지만, 특이점은 '찾아내야' 하는 것이기 때문에 잘 훈련해야 다른 사람들과 차별점을 가질 수 있다.

특이점 중 하나로 사용자의 반복되는 '행동 패턴'이 있다. 그리고 찾아낸 그 행동 패턴에서 문제를 도출할 수 있다. 예를 하나 들어보자. 여러분 주변에도 휴대폰을 사용하고 나면 습관적으로 휴대폰 액정을 바지 한쪽에 스윽 닦는 사람이 있을 것이다. 통화를 하고 나면 기름기나 화장품이 묻어서 액정 화면이 지저분해지는데, 이것을 통화를 할 때마다 닦아내다 보니 습관이 된 것이다.

여기에서 영감을 얻어 등장한 것이 작은 헝겊 모양의 액세서리다. 이제는 유행이 지나 찾아보기 힘들지만, 이후 또 어떤 해결방안이 등장할지 기대가 된다. 휴대폰 제조사가 해결방안을 내놓을 수도 있고, 액정 제조사가 내놓을 수도 있다. 어쩌면 우리의 예상을 벗어나서 바지 만드는 의류회사가 그 주인공이 될지도 모른다. 작고 단순한 행동의 반복 패턴일지라도 혁신의 소중한 씨앗이 될 수 있음을 한 번쯤 생각해볼 만하다.

'자구책Workaround'도 특이점 중 하나다. 자구책이란 사용자 스스로 만들어낸 해결책을 뜻한다. 현재 시중의 상품이나 서비스가 해결해주지 못하는 것들을 해결하기 위해 만들어낸 대안적인 방법이나 수단이라 할 수 있다.

주변에서 흔히 볼 수 있는 자구책의 예를 들어보자. 기타를 치고 싶지만 피크Pick가 없을 때 주위에서 납작하고 잘 닳지 않는 플라스틱 책받침이나 못 쓰는 신용카드를 찾아 잘라서 사용하는 경우가 있다. 또 하나 예를 들어보자. 거의 다 써서 손에 잘 잡히지 않는 빨랫비누 조각을 모아서 양파 그물망이나 스타킹에 담아 뭉쳐서 사용하는 경우도 대표적인 자구책이다. 잡지책을 냄비받침으로 사용하는 것도 나름의 자구책으로 볼 수 있다.


## ● 익숙해진 불편함에 예민하게 반응하자

찾아낼 수 있는 또 다른 특이점으로, 사용자의 '어색함, 불편함, 고통스러움' 등이 있다. 상품이나 서비스를 이용하는 과정에서 이러한 것들을 어렵지 않게 찾아낼 수 있다. 사용자가 예민하게 알아채지 못하고 무심코 지나쳐서 익숙해졌을 뿐이다. 이를 고통점Pain Point이라고 하자.

다음 사진은 우리가 출퇴근길에 흔히 볼 수 있는, 시내버스 정류

버스가 줄줄이 서 있어 뒤편 버스의 번호를
알기 어렵다.

정차 시 문이 열리면 번호 패널이 튀어나와
멀리서도 버스 번호를 확인할 수 있다.

장에 버스가 멈춰선 모습이다. 평소에 보던 버스와는 다른 부분이
있을 것이다. 바로 버스 앞문에 달린 번호판이다. 이 번호판은 사실
모 회사가 광고 목적으로 달아놓은 것이다. 하지만 유심히 보면 다
른 기능을 하나 더 하고 있음을 알 수 있다. 버스를 기다리는 승객
들의 행동에 힌트가 있다.

  정류장에서 뒤편의 버스 번호를 확인하기 위해 고개를 쭉 빼거
나 정류장 끝까지 걸어가는 사람들이 눈에 들어온다. 보통 버스 번
호는 버스가 한 대만 올 경우에는 쉽게 알 수 있지만, 출퇴근 시간
에 여러 대가 꼬리를 물고 서 있을 경우, 두 번째 버스부터는 번호
를 확인하기가 쉽지 않다. 정류장에서 기다리던 사람들은 뒤쪽까

지 걸어가 버스 번호를 확인해야 할지, 아니면 뒤쪽 버스가 내 쪽으로 오기를 기다려야 할지 망설인다. 그러다가 기다리던 버스가 뒤쪽에 있었음에도 번호를 확인하지 못한 탓에 놓치는 경우가 생기기도 한다.

이러한 어려움은 버스 문에 패널 하나를 부착함으로써 간단히 해결되었다. 버스가 멈춘 뒤 문이 열리면 번호가 인쇄된 패널이 튀어나와 정류장 앞쪽에서도 쉽게 알아챌 수 있도록 한 것이다. 아마도 이것을 고안해낸 사람도 위의 이야기와 같은 불편을 겪었을 것이다. 어떻게 하면 해결할 수 있을까 고민했을 테고, 광고 전략을 우선순위에 두고 접근한 것이 아니라 한 명의 승객으로서 문제의식을 갖고 접근했을 것이다. 이렇게 일상에서 불편함(고통점)을 찾아내고 해결하려는 과정 자체가 혁신의 단초가 될 수 있다.

정리하자면 2단계에서는 문제점을 주로 특이점에서 찾아냈다. 따라서 '세상은 문제투성이다'는 생각으로 일상의 행동과 현상을 유심히 살펴보다 보면 지금까지는 보이지 않았던 문제점을 발견하게 되리라 믿는다.


## ⊙ 이노글라스, 혁신의 안경을 쓰고 내공 쌓기

휴대폰 액정을 바지에 문질러 닦는 행동, 플라스틱 카드를 잘라 만든 기타 피크, 그리고 버스 정류장에서 고개를 내밀면서 버스 번호를 확인하려하는 사람들처럼 지극히 당연하게 여겨 지나치기 쉬운 상황들 속에 혁신의 단서가 숨어 있는 경우가 무척 많다. 하지만 이것들은 우리 스스로가 '혁신의 안경Innoglass'를 써야만 발견할 수 있는 것들이다. 혁신의 안경을 쓴다는 것은 쉽게 말하면 다음과 같다.

- 지금까지 당연하다고 여겨왔던 것들에 '왜?'라는 물음을 던져보기
- 평소 익숙하게 여기던 불편함을 의심해보기
- 사용자 입장에서 한 번 더 고민하고 공감하기

2단계를 좀 더 확실히 수행할 수 있는 방안은 '기록 도구를·항상 휴대'하는 것이다. 일상에 숨어 있던 특이점들은 시도 때도 없이 튀어나오기 때문에 바로 기록해두지 않으면 잊히는 경우가 많다. 스마트폰 카메라로 즉시 찍어두는 것도 좋고, 메모장에 적거나 그려놓는 방법도 괜찮다. 그런 다음에는 수시로 보고 또 보자. 그리고 생각하자. '왜 이렇지?'라고.

필자는 블로그에 사진이나 메모에 의견을 덧붙여 수시로 올려놓는다. 시간이 지날수록 소중한 혁신 콘텐츠로서 쌓여갈 것이고, 나중에 아이디어가 필요할 때 블로그를 한 번 쭉 훑어보는 것도 꽤 도움이 된다. 꼭 실행해보기를 권한다.

언제까지 남들이 발굴해낸 아이디어와 아이템에 '기발하네! 잘했네! 나도 할 수 있었는데' 하면서 박수만 쳐줄 것인가? 내 눈에 들어온 특이점은 나의 것이다. 그냥 흘려보내면서 '누군가 하겠지' 생각하지 말고 이제는 스스로 혁신의 주체가 되자.

## Ⓝ 3단계: 니즈 정의(Needs Definition)

### ◑ 특이점의 본질을 찾기 위해 왜(Why?)를 반복하다

1, 2단계에서 소개한 방법으로 일상에서 특이점을 발견했다면, 그것은 혁신의 소중한 씨앗이 된다. 이 씨앗을 제대로 발아시키는 것이 바로 세 번째 단계다.

이를 위해서는 이 씨앗(특이점)의 본질을 찾을 필요가 있다. 본질을 찾는다는 의미는 특이점에서 사용자가 진정으로 원하는 것이 무엇인지(니즈)를 규명해낸다는 뜻이다.

명절 아내의 이야기로 다시 돌아가보자. 명절 동안 아내의 행동과 말에서 남편은 여러 특이점을 발견할 수 있었을 것이다.

도로 위 차 안에서 계속되는 아내의 하품, 발도 제대로 펴지 못하고 장시간 앉아 있는 자세를 불편해하는 아내의 모습이 눈에 들어왔을 수 있다. 추석 음식 장만할 때 이따금씩 허리와 어깨를 툭툭

치면서 "아휴!" 소리를 냈을 수도 있고, 시댁의 오래된 조리기구들이 불편해 힘들어하는 표정이 나타났을 수도 있다.

시댁에서는 아내가 편하게 쉴 수 있는 공간이 없다는 것도 고통스러운 일일 수 있다. 가끔씩 방에 들어가 앉아 있더라도, 남편이 안마를 해준다 하더라도 시댁에서는 몸도 마음도 편하지 않을 것이다.

남편의 관찰력이 좀 더 뛰어났다면 아내가 시댁 한쪽 방에서 조용히 친정 부모님과 전화하며 "시댁에서 명절 지내고 얼른 갈게요"라고 말하는 것을 들었을 수도 있다. 어쩌면 "너희 언제 서울로 올라갈 거야? 길 막히지 않게 서둘러 올라가야지"라는 시부모님의 말에 차마 기쁨을 숨기지 못한 아내의 표정을 보았을 수도 있다. 친정을 찾아갔을 때 아내의 표정과 발걸음이 시댁에서와 차이가 있음 또한 감지했을 수도 있다.

이러한 아내의 고충을 해결해주고 싶다면, 혁신의 관점에서 바라보면서 아내의 말과 행동 속 특이점의 본질을 찾아야 한다. 아내가 진정으로 원하는 것은 육체적 고통을 줄여주는 것이 아님을 구분해내야 한다.

아내의 말과 행동 이면에 있는 진정한 니즈를 찾기 위해서는 말이나 행동의 단면만을 보고 판단을 내려서는 안 된다. 아내가 말과 행동에서 보이는 특이점에 반복적으로 '왜 그럴까?' 의문을 품는 것이 중요하다. '왜 그런 행동을 하지?', '그런 행동을 함으로써 아내는 무엇을 얻게 되지?' 같은 식으로 깊이 있게 파고들어야 한다. 때로는 아내와 대화(인터뷰)를 해보아도 좋을 것이다.

니즈라는 말을 자주 들어보았을 것이다. 우리말로 굳이 번역하자면 '욕구'라고 할 수 있겠다. 하지만 디자인씽킹에서 말하는 니즈는 좀 더 의미를 세분화해서 파악해야 한다.

상대방 또는 인터뷰 대상자가 욕구를 직접적으로 표현하는 경우를 '명시적 니즈Explicit Needs' 또는 '오픈된 니즈Open Needs'라고 한다. 이는 다른 사람 혹은 다른 경쟁사들도 이미 파악하고 있는 니즈다.

예를 들어 "사이트 접속 속도가 너무 느려서 불편하다", "주문 후 배송 시간이 짧았으면 좋겠다", "저렴한 가격에 구입하고 싶다" 등 주로 기능이나 성능 측면의 욕구가 이에 해당한다. 이러한 니즈는 굳이 사용자를 만나보지 않더라도 어느 정도 유사한 경험을 해본 적이 있다면 충분히 추측해낼 수 있다.

명시적 니즈는 혁신이 필요한 수준의 니즈가 아니다. 시장에 이미 나와 있는 상품·서비스가 지속적으로 충족시켜줄 수 있는 것들이다.

디자인씽킹에서 말하는 니즈는 사용자 자신이 불편하면서도 그것이 무엇인지 모르거나 표현하지 못하는 '미충족 요구사항Unmet Needs'이다. 이러한 미충족 요구사항을 잘 찾아내어서 해결한다면 사용자에게 더 나은 가치를 제공해줄 수 있고, 기업의 경우 경쟁에서의 우위를 점하는 것은 물론, 시장에서 새로운 기회 영역을 발굴해낼 수도 있다.


## ✪ 사용자의 입장이 되어 사용자를 사랑하자

'왜?'라는 질문을 계속하고 사용자의 행동을 면밀히 관찰하더라도 부족한 부분이 생기기 마련이다. 상대방의 고통이나 불편함을 간접적으로밖에 이해할 수 없기 때문이다. 따라서 진정한 니즈를 찾기 위해서는 항상 사용자의 입장에서 헤아리려는 노력이 필요하다.

몇 년 전 필자는 동남아시아 젊은 세대의 이동수단 이용 행태 조사 프로젝트를 수행한 적이 있다. 몇 개의 대상 국가 중 인도네시아를 방문해 조사했던 경험이 유독 선명하게 기억에 남는다.

언제, 어떤 상황에서 조사 대상자의 특이한 행동이 발견될지 모른다. 특히 외국은 우리에게 익숙한 환경이 아니기 때문에 이를 미리 예상해서 조사 설계를 한다는 것이 무척 어려울 뿐 아니라 자칫 조사자의 관점만 반영된 조사 결과를 얻게 되는 한계에 머무를 수 있다. 그래서 당시 조사에서 필자는 조사 대상자들이 이용한다는 이동수단을 모두 경험해보기로 했다.

에어컨도 켜지 않은 혼잡한 버스를 타고 등교하는 대학생의 마음을 헤아려보기 위해 가방을 메고서 찜통 같은 버스를 한 시간 동안 타보기도 하고, 대중교통이 잘 갖춰지지 않은 동네에서 생필품을

오토바이 뒷좌석에 타서 출근길 직장인의 경험을 공감하기

더운 버스 안에서 등교하는 대학생 경험 공감하기

사러 가기 위해 비좁은 인력거를 타고 인근 가게를 다녀보기도 했다. 이른 아침 출근하는 직장인의 마음을 느껴보기 위해 오토바이 뒷자리에 올라타 한 시간여 출근길을 경험해보기도 했다.

그러다 보니 도심지 공해에 눈, 코, 입이 노출되어 숨쉬기가 힘든 상황, 쌩쌩 달리는 오토바이 위에서 쌀쌀한 바람을 막기 위해 팔에만 점퍼를 걸쳐 입는 상황, 찜통 같은 버스 안에서도 휴대폰으로 음악을 듣고 채팅을 하는 학생들의 행동이 이해가 되었다.

사람들은 자신이 뭐가 불편한지, 뭐가 필요한지 잘 모르거나 알더라도 그것을 제대로 말로 표현하지 못한다. 특히 불편함에 익숙해졌거나 자구책을 찾아 어느 정도 해결한 경우에는 만족스럽다는 답변을 하기도 한다. 그렇기에 세 번째 단계인 니즈 정의 단계에서 충분히, 그리고 깊이 생각하고 공감해보아야 한다.

명절 아내 이야기를 다시 떠올려보자. 아내가 가지고 있는 본질적인 문제점, 그리고 그 문제점으로 인한 아내의 궁극적인 니즈는 KTX나 비행기 같은 편리하고 빠른 이동 수단에 있는 것이 아니었다. 그렇다고 더 좋은 조리기구나 남편의 선물에 대한 기대가 있는 것도 아니었다. 아내의 진정한 니즈는 오히려 시댁에 머무는 시간이 길지 않았으면 좋겠다는 마음에 있었다.

누구나 혁신을 할 수 있지만 아무런 노력 없이 혁신을 추구할 수는 없다. 제대로 된 니즈를 찾기 위해서는 지금까지 주변 모든 것들에 대해 가졌던 생각과 자세를 바꿀 필요가 있다. 이를 위한 가장 쉬운 접근법은 주변 모든 것을 진심으로 사랑하는 것이다.

추상적인 이야기로 들릴지도 모르겠다. 하지만 진심으로 사랑하면 정말로 혁신의 실마리가 보이기 시작한다. 버스 번호 패널의 경우 사용자(승객)를 진심으로 사랑하는 시각에서 출발해본다면, 사용자 스스로는 고통이라고 표현하지 않았겠지만 그의 행동으로부터 행동 심층에 있는 니즈, 즉 출퇴근길 버스가 줄지어 왔을 때 뒤쪽 버스들의 번호를 알고 싶다는 니즈를 읽어낸 것이다.

혁신을 간단히 표현하면 '사용자의 입장이 되어서 사용자를 사랑하기'라고 할 수 있다. 사용자가 필요를 느끼는 곳에는 늘 혁신이 있다. 따라서 뭔가 특별한 혁신을 찾기보다는 '사람이 있는 모든 곳과 사람이 하는 모든 것에는 혁신이 잠재해 있다'는 생각을 가지고 모든 것을 대해야 한다. 그러면 지금껏 눈에 보이지 않던 혁신의 실마리가 하나씩 보이기 시작할 것이다.

## S 4단계: 해결방안 도출(Solution Building)

### ⊙ 해결방안 도출은 쉽고 재미있게

반스 혁신 프로세스의 마지막 단계는 니즈의 해결방안을 찾는 '해결방안 도출'이다. 일상에서 혁신의 씨앗을 찾는 것이 중요한 만큼 문제의 해결방안을 찾는 것도 무척 중요하다. 사용자 행동 깊은 곳의 니즈를 잘 찾아놓고서도 이 니즈를 충족시켜줄 해결방안을 잘 만들어내지 못하면 혁신의 완결성이 떨어지기 때문이다. 사용자는 고통에서 해방되지 못하고 담당자는 시간을 써놓고도 제대로 된 해결책을 주지 못하게 된다.

해결방안은 앞 단계에서 니즈를 명확하게 정의하면 의외로 쉽게 도출될 수 있다. 해결방안이 소비자들에게 잘 수용되지 않는다면, 니즈가 엉뚱하게 정의되었는지, 니즈의 레벨이 너무 높게 정의된 건 아닌지 의심해보아야 한다. 이럴 땐 앞 단계에서 정의된 니즈를 다시 한 번 살펴보면 좋다. 여기서는 사용자의 니즈를 잘 찾았다고 전제하고, 해결방안을 도출하는 방법을 이야기해보자.

사실 니즈 하나에 해결방안이 하나만 도출되리라는 법은 없다. 얼마나 다양한 방식을 활용하여 접근하느냐에 따라 여러 해결방안이 도출될 수 있다. 따라서 나에게 가장 맞는 방법론을 활용하는 것이 필요하다. 이를 위해서는 해결방안을 도출하는 다양한 방법론을 익혀보는 게 우선이다.

가장 쉽게 해볼 수 있는 방법으로 '스캠퍼SCAMPER'가 있다. 스캠퍼는 해결방안 도출을 위한 일곱 가지 접근방식의 약자로, 완전히 새로운 해결방안을 개발해내는 것이 아니라, 기존의 것들을 여러 가지 시도를 통해 재구성하여 도출해내는 기법이다. 사람, 사물, 절차, 소리, 부품 등 상품·서비스를 구성하는 요소를 더하거나 빼보면서 불필요하거나 중복되는 요소를 발견하는 것이다.

어쩌면 대부분의 요소를 빼내더라도 행동(비즈니스의 경우에는 상품이나 서비스)의 본질은 변하지 않는 경우도 있을 것이다.

## 스캠퍼(SCAMPER)

(S) **대체**Substitute 기존에 있는 행동이나 현상, 또는 성분이나 형태를 다른 것으로 대체해보는 시도

Ⓒ **결합**Combine 다른 행동이나 기능을 서로 결합하거나 혼합해 새로운 것을 만드는 시도

Ⓐ **응용**Adapt 기존에 있는 행동, 기능, 작동원리, 사용방식 등을 응용하여 적용해보는 시도

Ⓜ **수정·확대·축소**Modify · Magnify · Minify 기존의 방식, 행동, 형태 등을 수정, 확대, 축소하는 등 다양하게 외형을 바꿔보는 시도

Ⓟ **용도전환**Put to other use 기존 방식이나 원리를 다른 용도로 전환해보는 시도

Ⓔ **제거**Eliminate 기존에 있던 행동이나 기능을 제거하여 새로운 행동이나 원리를 만들어보는 시도

Ⓡ **반전**Reverse 행동의 순서, 방법, 형태 등을 거꾸로 적용해보는 시도

물건을 구매하는 경우를 예로 들어보자. 지금까지는 물건을 구매하기 위해서 지갑, 현금, 신용카드 등을 소지하고 다니는 것이 당연했다. 하지만 지금은 달라진 행태를 볼 수 있다. 스마트폰이 지갑, 현금, 신용카드, 멤버십 카드의 역할을 다 하고 있기 때문에 굳이 이러한 것들을 갖고 다니지 않아도 된다. 물건 구입 시 '지불'이라는 본질은 유지하되, 뚱뚱한 지갑이 자리를 차지하거나 카드를 일일이 관리하는 불편함이 해소되고 있는 것이다.

용도를 전환하여Put to other use 새로운 상품 가치를 담아 어필하는

경우도 발견할 수 있다. 그 예로 물풀이 있다. 본래 물풀은 종이를 붙이는 용도로 사용해왔고, 그렇게 사용하는 것으로만 여겼다. 하지만 요즘 아이들, 특히 초등학생들은 물풀을 액체괴물(액괴)을 만드는 재료로 쓴다. 딱풀이 주로 사용되면서 물풀은 자리를 잃는 듯싶더니 오히려

포장지에 "액체괴물을 만들 때 편리해요!"라고 쓰여 있다.

초등학생(= 사용자)에 의해 새로운 용도로 사용되고 있는 것이다. 물풀 제조업체에서는 당당히 포장지에 "액체괴물을 만들 때 편리해요"라고 적어놓기도 했다. 사용자의 용처(=자구책)를 잘 활용하여 새로운 시장의 기회를 어렵지 않게 만들어냈음을 알 수 있다.

행동의 가장 핵심적인 요소를 빼볼 수도 있다. 필수 요소로 여겨졌던 것이 니즈 해결을 위한 절대 요소가 아닌 경우도 있다. 예를 하나 들어보자.

아이들이 선풍기에 손가락을 집어넣어 다치는 경우가 있다. 이를 해결하기 위해 사람들이 여러 방안을 고민했다. 쇠창살을 양파망 같은 커버로 감싸는 방법, 날개 재질을 부딪혀도 아프지 않을 정도로 부드러운 소재로 만드는 방법 등이 그것이다. 다 괜찮은 해결방

안이 될 수 있다. 여기에서 좀 더 고민해보자. 기능이나 성능의 향상에 집중하기보다는, 혁신적 접근방법에 초점을 맞추어 다른 해결방안을 찾아보려고 시도하자.

선풍기를 망사로 감싸거나 날개 재질을 바꾸는 시도는 '선풍기=날개'라는 생산자(공급자) 중심의 인식에 머물러 있는 것이다. 핵심요소를 중심으로 생각해보자. 사용자는 선풍기에 날개가 있든 없든 상관없이 '시원한 바람만 제공'받으면 된다. 선풍기에서 핵심요소는 시원한 바람이지 '날개'가 아닌 것이다. 날개가 없어진다고 선풍기라는 존재가 없어지지는 않는다.

이러한 방향으로 혁신 제품을 만들어낸 것이 바로 '다이슨 선풍기'다. 이 선풍기는 날개가 없어도 시원한 바람을 제공하는 선풍기 본연의 역할을 충분히 하고 있다.

지금까지 우리는 공급자가 만들어놓은 상품·서비스의 틀 안에서만 그 가치를 제공받아왔고 그것에 익숙해져서 한 번 더 개선할 여지를 생각해보지 못했다. 하지만 디자인씽킹 방법론을 통한다면 사용자 관점에서 상품과 서비스를 재정의하고 더 나은 가치를 찾아낼 수 있는 사고의 유연성이 길러진다.

# 연습문제 : 빈칸을 채워봅시다

고정관념에 갇힌 사고를 사용자 중심으로 바꾸어봅시다. 문제를 읽고
빈칸을 채워보세요.

예시

**➕ 고객의 표면적인 니즈**

"아이들이 선풍기 날개에 손가락을 다치지 않았으면 좋겠
어요."

**➡ 고정관념에 갇힌 해결방안**

선풍기를 망사 커버로 감싼다. 선풍기 날개를 부드러운 소
재로 만든다.


**➕ 고객의 심층적 니즈**

"아이들이 안전하고 편하게 바람을 쐬면 좋겠어요."

**➡ 사고를 사용자 중심으로 바꾼 해결방안**

날개가 없어도 바람이 나오는 선풍기를 만든다.

**✚ 고객의 표면적인 니즈**

"중요한 자리에 입고 갈 고급 정장이 필요한데 정장 한 벌 가격
이 너무 비싸요."

**❍ 고정관념에 갇힌 해결방안**

• 저가 정장을 공급한다.

• 쿠폰을 발행하거나 할인 행사를 한다.

**✚ 고객의 심층적 니즈**

"고급 정장이 필요할 때 비용 부담 없이 정장을 입을 수 있으면
좋겠어요."

**❍ 사고를 사용자 중심으로 바꾼 해결방안**<sup>*</sup>

-----------------------------------------------------

-----------------------------------------------------

-----------------------------------------------------

-----------------------------------------------------

-----------------------------------------------------

-----------------------------------------------------

---

\* [해결방안 예시] 고급 정장을 낮은 가격으로 대여하는 서비스를 제공한다.

문제

**✚ 고객의 표면적인 니즈**

"매장에서 어플을 열려고 하면 기동 시간이 너무 오래 걸려 불편해요."

**⊙ 고정관념에 갇힌 해결방안**

어플 기동 시간을 줄인다.

**✚ 고객의 심층적 니즈**

"매장에서 어플을 쓰려고 할 때 바로 쓸 수 있으면 좋겠어요."

**⊙ 사고를 사용자 중심으로 바꾼 해결방안**

---

---

---

---

---

---

---

---

\* [해결방안 예시] 매장에서 주로 사용하는 어플의 기능을 '위젯'을 통해 어플 밖(휴대폰 홈화면)에
  꺼내놓고 바로 사용할 수 있도록 지원한다.

## ○ 답이 잘 안 나오면 컨닝(치팅, Cheating)도 괜찮다

해결방안 도출을 위해 활용해볼 수 있는 또 하나의 방법으로 보스톤BOSTON 방법을 추천한다(필자가 직접 만든 방법론이다). BOSTON 은 'Bring Others' Solution To Our Needs'의 약자이다. 말 그대로 다른 상품·서비스의 해결방안을 내가 해결하고자 하는 니즈에 적용해보는 것이다.

이는 해결방안 자체를 베끼자는 의미가 아니라 니즈 해결의 기반이 되는 아이디어를 팁으로 활용하자는 의미이다. 당면한 상황과 인접한 영역 또는 관계가 전혀 없는 영역에서 힌트를 얻어 유용하게 활용해볼 수 있다.

예를 들어 출퇴근 시간대 줄지어 있는 뒤편 버스들의 번호를 알고 싶다는 니즈를 해결하기 위해 버스와 유사한 영역에 있는 택시를 살펴본다면, 야간에 빈차로 서 있을 때는 정면 표시등이 '빈차'로 표시되고 운행 시에는 '주행' 표시로 바뀌는 경우를 차용해볼 수 있을 것이다.

관계가 없는 영역의 경우도 생각해볼 수 있다. 사전이나 전공서적과 같이 두꺼운 책에 포스트잇 인덱스를 붙여두어 책을 펼치지 않아도 찾고자 하는 챕터를 쉽게 구분해낼 수 있도록 하는 것이 힌트가 되어줄 것이다.

니즈 자체를 바로 해결하려고 들면 해결방안이 쉽게 찾아지지 않는다. 그러므로 지금 소개한 스캠퍼나 보스톤을 적절하게 활용해보

자. 혼자서도 쉽게 시도해볼 수 있는 방법들이다. 하지만 여건이 된다면 나와 다른 환경에서 다른 생각을 가지고 있을 만한 사람들과 의견을 나누며 고정관념이나 사고의 한계를 극복해보길 바란다. 집단지성을 통해 해결방안 도출을 해보는 것도 좋다.

## ⊙ 해결방안의 견본으로 실질적인 검증하기

다양한 방법을 활용하여 해결방안을 찾아냈다면 이 해결방안을 검증해볼 필요가 있다. 검증되지 않은 해결방안은 아이디어로서는 멋져 보일지 모르나 실제로 출시했을 때 장애 요인이 발생하거나 실효성 없는 결과로 이어지기 쉽다. 검증을 위해서 도출된 해결방안을 가지고 반스의 앞 단계로 돌아가보자.

일상의 행동에서 특이점이 발견되는 상황에 해결방안을 적용해보자. 간단하게는 빈 종이 위에 해결방안이 적용되는 상황을 그려보면서 니즈가 제대로 해결되는지 확인해볼 수도 있을 것이고, 장치나 기구가 해결방안이 될 경우에는 유사한 장치, 프로토타입 등을 만들어서 확인해보는 것도 가능할 것이다. 단, 이러한 것들을 만들어볼 경우에는 니즈 해결을 위해 핵심 기능이나 속성이 잘 갖춰지도록 해야 한다.

내가 사용자가 아닌 경우에는 사용자(니즈의 당사자)가 사용해보도록 하고 반드시 피드백을 받아보자. 자신의 기준에서 '될 것 같다'고만 판단하면 현실성이 결여된 아이디어로 머무르기 쉽다. 줄곧 고민하며 몰입해온 까닭에 나만의 세계에 머무를 가능성이 크기 때문이다. 실제로 적용해보고 피드백을 반영하여 '실제로 해결된다'까지 진행되어야 제대로 된 해결방안이라 할 수 있다.

혹 검증 과정이 미흡하거나 더 수정·보완해야 한다면 확실히 해결될 때까지 위의 과정을 반복한다. 그런 과정을 통해 니즈가 제대로 해결되었을 때 이 해결방안은 반스 혁신 프로세스의 최종 결과물로 탄생하게 된다.

### ⊙ 소외되거나 간과되는 이해관계자가 있는지를 잘 살피자

반스 프로세스의 1~4단계를 거쳐서 진행되어온 과정을 큰틀에서 다시 한 번 바라보자. 사용자 스스로도 알아채지 못했던 불편함과 고통을 해결해줌으로써 사용자에게 더 나은 일상을 만들어주고 새로운 가치를 제공한다는 것은 세상에 더 긍정적인 경험을 창출해냈다는 의미를 지닌다. 바로 '착한 혁신'이라 할 수 있다.

하지만 이러한 과정에서 때로는 어느 (지금껏 우리가 집중해왔던 사용자가 아닌) 누군가에게는 착한 혁신이 되지 못하는 경우도 생기곤 한다. 이해관계로 연관되어 있지만 혁신의 결과물에서 별다른 가치를 제공받지 못하거나 때로는 피해나 손해를 입게 되는 이해관계자가 있다면 결국 혁신의 결과물이 작동하기도 어려울 뿐 아니라 한두

## 반스(BANS) 프로세스

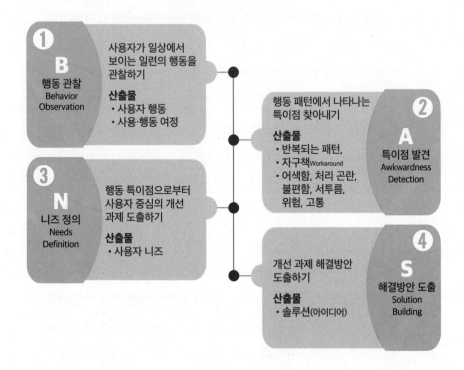

번은 관심을 끌더라도 지속해나갈 동력이 사라지게 된다.

가령 소비자 입장에서는 충분한 가치를 제공받을 수 있지만 판매자나 서비스 제공자 입장에서는 얻을 수 있는 가치가 없거나 예상보다 크지 않다면 이 혁신의 결과물에 참여할 이유가 없는 것이다. 또한 사용자의 니즈를 분명히 반영한 상품이나 서비스를 만들어냈지만, 상품·서비스 제공자가 계속 자원(돈이나 시간 등)을 투입해야만 유지되는 경우라면 지속성을 담보하기 힘들어진다.

반스 프로세스는 사용자에게서 출발한다. 하지만 여기서의 사용자는 최종 사용자(소비자, 고객)만 일컫지는 않는다. 프로세스의 중간 중간 이해관계를 가진 여러 참여자의 이야기를 들어볼 수 있다면, 최종 혁신 결과물을 균형 잡히고 지속적인 모습을 만드는 데 큰 도움이 될 것이다. 혹시 그런 과정을 거치지 못했다 하더라도 최종 솔루션이 도출되어가는 즈음에는 피드백을 받아 보완하여 이해관계자 모두가 기대하는 가치를 제공받을 수 있도록 노력해야 한다.


## ● 반스 프로세스를 내 업무에도 적용해보자

반스 프로세스가 아무리 쉽고 자연스럽게 실행해볼 수 있는 프로세스라고 하더라도 지금까지 몸에 배어 익숙해진 행동과 사고방식을 한두 번의 시도로 바꿀 수는 없다. 다만 분명한 점은 일상에서 작지만 다양한 상황에 반스 프로세스를 꾸준히 적용하다 보면 어느새 각자의 행동과 사고에 자연스럽게 자리할 것이라는 점이다.

그런 다음에는 프로세스의 적용 영역과 대상을 좀 더 확장해보자. 회사 업무에 적용해볼 수 있을 것이고, 비즈니스 아이템을 찾는 데도 적용해볼 수 있을 것이다.

예를 들면 상품 기획이나 개발을 담당하는 부서의 경우에는 회사 외부 고객을 관찰하고, 인력 관리나 재무 등을 담당하는 부서의 경우에는 회사 내부의 구성원을 관찰해보는 식이다.

구체적으로 음료 제품 기획 담당자를 떠올려보자. 집에서는 이른 새벽 목이 말라 냉수를 들이켜는 부모님을, 혹은 보온병에 따뜻한 보리차를 담아서 아이의 등굣길에 챙겨보내는 아내를 유심히 관찰할 수 있을 것이다. 회사에서는 식사량을 줄이기 위해 점심 시간 전에 물을 한 컵 마시는 직원, 텀블러에 커피를 마시는 사람과 일회용 종이컵에 커피를 마시는 사람, 동료들과 술 한잔하는 자리에서도 수시로 물을 마시는 직원의 모습에 관심을 가질 수 있다. 영화관에서는 사람들 손에 어떤 것이 들려 있는지 살피면서 특이점을 발견해낼 수도 있을 것이다. 때로는 느끼한 음식을 먹은 뒤에 탄산음료를 찾는 부모님을 관찰하면서 부모님이 탄산음료를 통해 해결하고자 하는 숨은 니즈가 무엇인지 찾아보는 시도도 해볼 수 있다.

이처럼 일상에서 음료가 필요한 상황, 그리고 음료와 연관 지을 수 있는 상황은 헤아릴 수 없이 다양하다. '음료는 목마를 때 마신다'는 기존 고정관념을 버리고 접근한다면 소비자에게 음료는 '내 몸의 밸런스를 잡아주는 개인 주치의'가 될 수도 있고, '자신의 아이덴티티를 표현하는 수단'이 될 수도 있을 것이며, '내 마음을 상대방에게 전할 수 있는 고백의 수단'으로 재정의될 수도 있다.

자신이 담당하는 업무가 공공서비스 개선이라면, 출퇴근길에 아파트 자전거 보관소에 줄줄이 드러누워서 흉물이 되어가는 자전거에 관심을 가져보자. 혹은 혼잡한 지하철 계단에서 출근하는 다수의 사람과 반대 방향으로 가려는 소수 사람들의 오도 가도 하지 못하는 상황에 관심을 가져 보자. 사람들이 왜 차도까지 내려가서 버스에 타는지도 다른 관점에서 바라볼 수 있을 것이다.

의료 관련 업무를 담당하는 경우도 마찬가지다. 환자가 병원을 찾아 접수하고, 대기하고, 진료받고, 수납하는 과정, 그리고 각 과정에서 나타나는 환자의 행동과 표정, 불편함이 눈에 들어올 것이다. 환자와 환자의 보호자, 병문안하러 온 사람 등 병원을 이용하는 사람과, 의사, 간호사, 수납 담당자, 안내 담당자 등 병원을 운영하는 사람의 이해관계와 행동이 서로 얽히고설키며 작동하고 있음을 알 수 있다.

교육 관련 업무도 보자. 유치원, 초중고교, 대학교, 학원 등 공립·사립 교육기관의 등교, 수업, 쉬는 시간, 점심 시간, 방과후 학습, 하교, 숙제 등 다양한 활동을 들여다보면 학생, 교사, 학부모, 학원 강사들의 행동이 연결되고, 각자의 니즈들이 채워지면서 그 안에서 간과된 부분이 어느 참여자에게는 고통점이 된 채 돌아가고 있음을 발견할 수도 있다. 때로는 책상의 높이, 수업 시간의 길이, 숙제 검사 방법 등 기존에 형성되어온 당연한 것들이 문제의 원인으로 고착화되어 있다는 것을 찾아낼 수도 있다.

이처럼 굳이 시장조사를 거창하게 하지 않더라도 내가 일상에서 이노글라스를 끼고 반스 프로세스를 가볍게 활용해본다면 생각보다 훨씬 쉽게 혁신가의 길로 들어설 수 있을 거라 믿는다.

3부

# 이노글라스로 세상을 바라보다

앞 2부에서 우리는 '혁신의 습관으로서 디자인씽킹'을 실행하기 위해 반스BANS 프로세스의 의미와 각 단계의 활용 방법에 대해 이야기했다. 반스를 포함한 모든 혁신 방법론은 사용자(고객)를 향해 있다. 바로 우리의 일상에서 더 나은 경험, 더 큰 가치를 만들어내기 위해 개발되고 활용되는 것이다. 따라서 혁신 방법론으로서 반스 프로세스를 수행하기 위해 저 멀리 있는 특별한 대상을 찾아 떠날 필요는 없다. 특정 상황을 일부러 연출해서 실태를 파악할 필요도 없다.

3부에서는 일상에서 반스 프로세스를 어떻게 활용해볼 수 있는지 설명하고자 한다. 일상의 여러 상황을 어떻게 반스 프로세스를 통해 들여다볼 수 있는지, 어떤 니즈가 도출되며, 그 해결책은 어떤 것이 있는지를 다양한 사례를 들어 이야기하고자 한다.

디자인씽킹 강의나 워크숍에서 많이 거론되는 사례는 대부분 외국 사례이거나 특수한 사례다. 그런 사례는 인사이트를 주기에는 좋지만 수강생의 일상과는 거리가 있어 '나도 바로 할 수 있을 것 같아'와 같은 생각이 들게 하지는 못한다. 그래서 3부에서 다룰 반스 사례는 독자 여러분이 일상에서 쉽게 경험할 수 있는 이야기들로 정리하였다. 무심코 지나쳤던 것들이 혁신의 씨앗이 되어 색다르게 다가올 것이다.

특히 반스 프로세스가 실생활에서 어떻게 적용되는지 쉽게 알 수 있도록 가급적 각 사례를 반스 각 단계에 맞추어 설명했으며, 각 사례 마지막에는 일상에서 찾아낸 혁신의 단초가 실제 비즈니스 현장에서 어떠한 결과물로 나타나는지 소개했다.

물론 각 사례의 성공 요인은 관점에 따라 다양하게 분석될 수 있다. 그리고 성공의 결실을 가져온 실제 요인이나 방법론은 반스 프로세스와는 다를 수 있다. 그것을 부정하려는 것이 아님을 밝혀둔다. 성공하기까지 많은 시도와 고민, 좌절과 도전이 있었을 것이다. 쉽게 성공했다고 이야기하고자 하는 것도 아니니 오해하지 말기를 당부한다. 단지 반스 프로세스에 적용해보았을 때도 이와 같은 성공적인 결과물로 도출되어 나올 수 있음을 확인하고, 반스 프로세스가 비즈니스에서도 활용할 만한 좋은 방법론임을 알리고자 함이다.

# 가족은
# 최고의 디자인씽킹
# 연습 상대

# 아빠, 문제는 필통이 아니에요

 **1단계: 행동관찰(Behavior Observation)**

"학교 다녀오겠습니다."

초등학생인 딸 도은이는 학교에 가서 친구들과 만나는 것을 무척 좋아한다. 늘 밝은 표정으로 등굣길에 오른다. 신나게 학교로 향하는 뒷모습이 대견스럽고 기특하다. 하지만 도은이는 하교하고 집에 돌아와 숙제를 할 때면 울상이 된다. 필통 때문이다.

 ## 2단계: 특이점 발견(Awkwardness Detection)

도은이는 필통이 싫은 걸까? 며칠 전 사준 새 필통인데 말이다. 심지어 도은이가 좋아하는 캐릭터가 그려져 있다. 다음 날에도 필통을 꺼내는 도은이의 표정이 뽀루퉁하다. 연필깎이에 연필을 넣고 퉁명스레 깎는 모습에서 도은이의 기분이 느껴진다. 도은이에게 넌지시 묻는다.

"도은아, 학교에서 무슨 일 있었니?"
"아뇨."

도은이는 선뜻 대답을 하지 않는다. 조금 뒤 도은이가 입을 연다.

"아빠, 이 필통 싫어요."
"왜? 얼마 전에 새로 산 거잖아."
"아침에 연필을 새로 깎아서 갔잖아요. 그런데 학교에 가서 필통을 열어보면 연필심이 다 부러져 있어서 쓸 수가 없어요."

잘 깎아서 필통에 보관하지만 학교에 가서 열어보면 심은 부러져 있다.

연필심이 필통 내부를 돌아다니며 그어댄 흔적들

도은이가 필통을 보여주었다. 연필심이 모두 부러져 있었다. 그리고 필통 내부는 연필로 일부러 그어댄 것처럼 지저분한 자국이 남아 있었다.

 **3단계: 니즈 정의(Needs Definition)**

도은이는 아침마다 연필을 잘 깎은 뒤 필통에 담아 학교에 간다. 하지만 도은이는 학교에 신나게 뛰어서 가는 터라 연필은 가방 속에서 이리저리 부딪힌다. 교실에 도착하면 이미 연필은 엉망이 된다. 도은이는 아침부터 쓸 만한 연필이 거의 없으니 무척 당황스러웠던 것이다. 새 필통이 연필을 잘 보호할 거라 믿었던 아빠의 부족한 헤아림이 드러나는 순간이었다. 그렇다면 도은이가 잘 깎은 연필심을 학교에서 그대로 사용할 수 있는 방법은 무엇일까?

## Ⓢ 4단계: 해결방안 도출(Solution Building)

그 후 아빠는 아이의 가방에 작은 연필깎이를 넣어줬다. 연필심이 부러졌을 때 바로 깎을 수 있도록. 하지만 연필심이 부러지는 걸 방지하지는 못하므로 근본적인 해결책은 아니었다.

여기서 해결방안 도출을 위해 보스톤BOSTON 방법을 활용해보자. 외부의 충격이나 흔들림에서 내부를 보호하기 위해 고정시키는 방법에는 어떤 것이 있을까? 우선 자동차의 안전벨트가 떠오른다. 캐리어 역시 짐 쌀 때 내부를 가득 채우지 않으면 옷과 물품이 이리저리 섞이며 엉망이 되곤 한다. 이를 방지하기 위해 가방 안에 고정용 벨트가 설치되어 있다.

또 다른 해결책을 찾아보자. 알약이 약병 속에서 부딪혀 깨지는 것을 방지하기 위해 솜이나 비닐뭉치를 함께 넣는 것이 있다. 택배

해결책으로 이런 플라스틱 연필캡이 나오기도 한다. 자구책으로 주변에 굴러다니는 볼펜 마개를 사용하기도 한다. 하지만 금세 빠져버린다.

박스에 비닐 뽁뽁이 등을 함께 넣는 것도 있다. 간혹 여행 가방을 쌀 때 가벼운 튜브 같은 것을 함께 담는 자구책이 발견되기도 한다. 이처럼 필통 속에도 벨트 같은 것을 설치하거나 완충재를 넣으면 연필심을 보호할 수 있을 것이다.

시중에 있는 몇몇 제품도 해결책이 될 수 있다. 연필을 하나하나 꽂아서 고정시키는 하드 케이스 필통이나, 붓뚜껑 모양의 연필캡이 있다. 보관할 때는 아예 연필심이 연필 안으로 들어가게 고안한 샤프 타입의 연필도 있다.

이번 사례에서는 아이의 "잘 깎아서 가져간 연필심이 부러지지 않았으면 좋겠다"는 니즈를 발견해냈다는 것이 중요하다. 그 뒤 해결방안은 연필심, 연필, 필통, 가방에서 찾아보면 좋겠다. 어쩌면 우리가 전혀 예상하지 못했던 더 좋은 해결방안이 등장해서 문제를 말끔히 해결할 수도 있다.

여기서 하나 추가로 사고를 확장하여 흔들림 때문에 불편한 다른 것들을 생각해보자. 여행용 가방이 그중 하나다. 해외여행 갈 때는 가방 가득 짐을 채워갔다가 올 때는 짐이 줄어 헐렁해져 돌아올 경우가 있다. 반대로 돌아오는 길에 선물이나 늘어나는 짐들로 가방이 가득 찰 것이라 예상하여 출발할 때는 가방을 다 채우지 않고 떠나는 경우도 있다. 여행 가방이 헐렁할 경우에는 안에 있는 짐들이 이리저리 흔들리고 섞이는 불편함이 있다. 가방 내부에 고정용 끈이 있기는 하지만 끈만으로 해결하지 못하는 경우가 생긴다. 이때의 해결책은 어쩌면 '고정시키는 끈'이 아닌 '비워진 공간을 채우는 무언가(공기쿠션, 풍선 등)'가 될 수도 있을 것이다.

해결방안 도출을 위한 보스톤 방법은 타 사례 해결방안을 내 눈앞의 니즈 해결에 활용하는 것이다. 반대로 내가 당면해서 해결한 니즈의 해결방안을 타 영역으로 확장하여 적용해보는 '역逆 보스톤 Reverse BOSTON' 방법도 새로운 비즈니스 기회와 마주칠 수 있는 좋은 방법이 될 것이다.

## ◐ 반스 프로세스로 가늠해보는 혁신 성공 사례와 시사점

고급 필기구를 제작하는 독일 기업 '파버카스텔Faber-Castell'을 소개한다. 1761년 창업하여 250년이 넘은 세계 최장수 기업 중 하나다.

이 회사의 제품 중에 '퍼펙트 펜슬Perfect Pencil'이 있다. 고급스러운 뚜껑이 달린 연필이다. 뚜껑에는 연필깎이가 들어 있고 연필의 뒷부분에는 지우개가 달려 있다. 연필깎이와 지우개, 이 두 가지 도구를 연필에 결합해 세 가지를 따로 사지 않아도 되고, 연필심도 보호하는 효과도 냈다.

이 회사의 핵심 가치 중 하나는 'Innovation&Creativity'이다. '제품의 혁신은 현재 소비자들이 느끼는 부족함에 대한 해결책을 제시하는 것'이라고 파버카스텔 회장은 강조한다.

파버카스텔의 사례는 일상에서 발견할 수 있는 작은 혁신의 단초가 명품 필기구로 탄생할 수 있음을 보여준다.

# 아내의 지갑에서
# 미래의 결제 방식을
# 예측하다

**B** 1단계: 행동관찰(Behavior Observation)

"지갑이 너무 뚱뚱해서 보기도 싫고 가지고 다니기도 불편해졌어. 그래서 메인 지갑을 하나 두고 카페나 특정 매장의 멤버십 카드만 담는 지갑을 따로 만들었어."

어느날 아내가 한 말이다.

메인지갑, 보조지갑, 동전지갑 등 용도에 따라 지갑을 두세 개씩 따로 가지고 있다. 일부 지갑은 내용물이 너무 많아 무척 뚱뚱해지기도 한다.

기존에 종이나 플라스틱 카드 형태로 발급되던 각종 멤버십 카드와 할인 쿠폰들이 스마트폰에 담기고 있다. 하지만 아직 모든 사람이 스마트폰으로 멤버십 혜택이나 쿠폰을 사용하지는 않는다. 또한 개개인에 따라 지갑을 용도별로 나누어 갖고 다니기도 한다.

아내의 허락을 받아 아내의 지갑을 살펴보았다. 그리고 주변 여성 몇 분의 지갑 또한 살펴보았다. 우선 신용카드, 현금, 동전 등 다양한 지불 수단을 발견할 수 있었다. 여기에서 그치지 않고 한 걸음 더 살펴보니 '이런 것도 지갑에 들어있나?' 싶을 정도로 재미있는 요소들을 찾을 수 있었다.

우선 영수증을 발견했다. 가뜩이나 지갑이 뚱뚱해지는 것이 불편하고 거추장스러운데 영수증들을 왜 보관하고 있는 걸까? 언젠가 쓰일 일이 있어서 그러는 걸까? 질문을 했다.

"왜 이렇게 영수증을 지갑에 보관하고 있어요?"

답변은 대부분 다음과 같았다.

"그냥 버리기는 불안해서요. 나중에 교환하거나 환불할 수도 있잖아요."

교환, 환불 등에 대비해 '보험' 들듯 영수증을 가지고 다니는 것이다. 플라스틱 카드 한 장에 여러 장의 '바코드 스티커'가 붙어 있는 것도 발견할 수 있었다. 화장품 매장이나 의류 매장에서는 멤버십 회원을 대상으로 자주 이벤트를 진행한다. 각 업체의 이벤트를 모두 챙기려면 소비자는 플라스틱 멤버십 카드를 늘 지갑에 지니고 다녀야 한다. 하지만 지갑 용량에는 한계가 있고, 멤버십 카드를 모두 들고 다니자니 지갑이 금세 뚱뚱해져서 불편하다.

지갑에 영수증 몇 장은 기본으로 들어 있다. 하지만 이 영수증이 지갑 속에 있다는 자체도 모르는 경우가 많다.

품목, 계열사, 동선, 주 이용 가게 등에 따라 카드 하나에 여러 바코드 스티커를 붙여 놓는다.

 

이러한 불편함을 해결하기 위해 각 업체가 멤버십 바코드 스티커를 내놓은 것이다. 지갑이 뚱뚱해지는 불편함을 줄여 멤버십 고객이 이탈하는 것을 방지하기 위해서 동일 계열사, 동일 업종, 동일 쇼핑몰 브랜드 또는 본인이 자주 방문하는 매장의 바코드를 함께 붙여서 사용하는 소비자의 모습을 확인할 수 있었다.

간편하게 바코드만 모아서 보유하고 다니는 이러한 행태에서 뚱뚱한 지갑을 들고 다녀야 하는 불편함, 혜택의 기회를 놓치지 않으려는 알뜰함 등을 읽어낼 수 있었다.

영수증을 왜 보관하는지 묻는 질문에 여성들은 공통적으로 "혹시나 필요할 경우를 대비해서"라고 답했다. 여기서 '혹시'라는 말은 두 가지 의미를 지니고 있다. '반드시 쓰인다는 것은 아니다', 그렇다고 해서 '바로 버리기에는 왠지 애매하다'가 그것이다.

구매 활동의 흔적(영수증)을 바로 버리지 못하고 지갑에 일정 기간 보관하는 소비자들의 마음에서 어떤 혁신의 단초를 발견할 수 있을까?

실제로 실물 지갑의 기능을 스마트폰 어플리케이션에 담으려는 시도들이 많이 보인다. 아마도 이 시장에서의 승자는 종이 영수증을 단순히 디지털화하는 것이 아닌, '혹시나 해서'라는 사용자의 심층적 불편함과 기대까지 담아내기 위해 고민하고 실행하는 사람이 될 것이다.

또한 하나의 카드에 여러 매장, 여러 브랜드, 여러 업종의 바코드 스티커를 붙여 다니는 모습에서 '내가 이용할 수 있는 혜택을 불편함 없이 챙기고 싶다', '매장이나 브랜드가 개별적이고 다양하더라도 내가 주로 이용하는 매장과 브랜드는 하나로 통합해서 이용하고 싶다'와 같은 니즈를 잘 읽어내면 고객가치를 제공하는 사람 역시 혁신적 비즈니스 사례의 주인공이 될 것이다.

지갑은 이제 돈이나 신용카드 등의 보관소 역할을 넘어서, 멤버십, 쿠폰, 포인트 등 소비자와 상품·서비스를 연결해주는 확장된 개념의 경제 활동 매개체 역할까지 수행하고 있다. 나아가 멤버십 가입 분류를 살펴보면 지갑은 개인의 경제 활동 스토리와 아이덴티티를 보여주는 수단이라는 것도 발견할 수 있다.

이제 지갑과 관련 비즈니스를 수행하거나 시작하려고 하는 사람들은 지갑을 경제 활동 측면에서만 바라보면 안 된다. 영수증은 구매 이력을 담고 있기에 지갑 주인의 '스토리'와 '콘텐츠'를 발굴할 수단임을 파악해야 한다. 디자인씽킹 관점에서 살피지 않으면 지갑이 줄 수 있는 가치의 반쪽만 제공하거나 아예 놓칠 수 있는 것이다.

## S 4단계: 해결방안 도출(Solution Building)

실물 지갑의 불편함을 해소하면서 기능은 고스란히 제공하는 스마트폰 서비스는 이미 등장했다. 시럽 월렛Syrup Wallet과 클립CLiP 등이 그것이다.

몇 년 전까지만 해도 지갑이 없으면 아무것도 살 수 없었다. 지갑을 깜박하고 나갔던 날을 떠올려보라! 하지만 요즘은 쇼핑, 결제, 상품 정보 검색 등 많은 경제 활동을 스마트폰 하나로 할 수 있다.

이에 따라 실물 지갑의 기능과 역할이 스마트폰에 속속 탑재되고 있다. 수많은 멤버십 카드, 쿠폰, 신용카드, 영수증, 현금, 동전 등을 더는 일일이 보관·휴대하지 않아도 된다. 또한 쿠폰 유효 기간을 놓치는 경우도 거의 발생하지 않는다. 자주 사용하는 매장과 브랜드의 어플리케이션을 통해 할인 소식과 쿠폰을 제공받기 때문이다. 위치 기반 서비스를 활성화해놓으면 나의 이동 동선을 파악해

SK플래닛의 시럽과 KT의 클립 서비스

다양한 멤버십을 하나의 바코드에 담은 카카오페이 멤버십

맞춤형 쿠폰이나 할인 정보를 실시간으로 제공하기도 한다.

이미 여러 제휴사의 멤버십 포인트를 하나의 바코드로 관리할 수 있는 '올인원' 바코드 기술을 장착한 카카오페이 멤버십이 등장해 사용자의 편의성을 크게 높여주고 있다.

이 서비스들은 이제 단순히 지갑의 기능을 대체하는 차원을 넘어 경제 활동에서 소비자와 판매자를 연결해주는 O2O Offline to Online 서비스의 대표 주자로서 자리매김하고 있다. 이제 '스마트 지갑' 시대가 왔다고 할 수 있는 것이다. 어쩌면 지갑이라는 용어 자체가 무의미해지고 스마트폰 자체가 지갑이 될 수 있다. 지갑이 지닌 확장된 가치와 기능들이 이미 스마트폰 하나로 자연스럽게 이루어지고 있기 때문이다.

## ⊙ 반스 프로세스로 가늠해보는 혁신 성공 사례와 시사점

스마트폰 지갑은 엄청난 비즈니스 기회를 품고 있다. 소비자가 신용카드, 멤버십, 쿠폰, 포인트 등을 사용할 때의 활동 이력이 고스란히 데이터로 남아서 축적되기 때문이다. 이 데이터는 소비자의 미래 행태를 예측할 중요한 자료가 되며 마케팅, 홍보, 신상품 기획 등 다양한 분야에서 무척 막강하게 활용된다.

물론 현재의 서비스로도 생활이 한결 편리해진 것은 분명하다. 하지만 지금 수준의 가치 제공에만 머무른다면 도태되는 것은 시간 문제다. 빅데이터가 모든 산업의 중심에 서서 미래 기회를 창출해가고 있기 때문이다. 그러므로 우리는 경제 활동의 여러 빅데이터를 활용해서 새로운 기회를 발굴해내야 한다. 그리고 여러 비非경제 활동 데이터와 연결하여 새로운 영역에서 새로운 아이디어를 시도해 미래의 기회를 만들어가야 한다.

실물 지갑에 가족사진이나 부적까지 담아두었던 점 등을 염두에 두고 감성적 스토리, 아이덴티티를 껴안을 수 있는 미래형 지갑을 기획해보아도 좋겠다. 지갑뿐 아니라 핸드백, 가방 등의 활용 행태를 잘 관찰하면 또 다른 혁신적인 제품을 개발할 수도 있을 것이다.

단언컨대, 반스의 렌즈를 적극적으로, 그리고 꾸준히 들이미는 사람이 바로 그 주인공이 될 수 있다. 명심하자. 지갑 속을 잘 관찰하는 것에서 시럽이나 클립, 카카오페이 멤버십 서비스는 시작될 수 있었다.

# 뒤끝 작렬 요거트와 깔끔하게 헤어지는 법

**B**    1단계: 행동관찰(Behavior Observation)

아내는 매일 요거트를 구입한다. 그런데 요거트를 거의 다 먹을 즈음이 되면 항상 짜증을 낸다.

"안쪽에 남아 있는 요거트 말야. 입에 털어넣자니 모양새가 안 좋고, 버리자니 아깝고, 그렇다고 숟가락을 넣어 긁어 먹자니 손에 자꾸 묻고. 에잇! 귀찮아."

## A 2단계: 특이점 발견(Awkwardness Detection)

요거트는 물이나, 우유 등과는 달리 용기를 기울여도 내용물이 잘 나오지 않는다.

남은 요거트를 먹기 위해 용기를 뒤집어서 감나무에서 감 떨어지기를 기다리듯 하다가는 자칫 얼굴에 묻는 사태가 발생하기도 한다.

남은 요거트를 먹으려면 한참 동안 거꾸로 세워두어야 한다.

이러한 일을 방지하려고 아내가 찾아낸 자구책이 바로 '요거트 병 거꾸로 세우기'이다. 하지만 병을 도로 세우면 용기 바닥으로 다시 흘러내리는 안타까운 상황이 생기곤 해서, 완벽한 해결책이 될 순 없었다.

## 3단계: 니즈 정의(Needs Definition)

요거트처럼 점성이 높은 식품이 담긴 용기를 사용할 때는 이런 니즈가 정리된다.

"끝까지 먹기 편하다면 참 좋겠다. 그리고 용기 안쪽에 내용물이 남지 않으면 좋겠다."

## 4단계: 해결방안 도출(Solution Building)

내용물의 성질이 요거트와 비슷한 케첩을 예로 들어 해결방안을 생각해보자.

케첩 하면 떠오르는 브랜드인 '하인즈Heinz' 이야기다.

일반적으로 식품 용기는 넓은 부분을 아래로 가게 두어 안정적으로 서 있을 수 있게끔 설계한다. 케첩, 마요네즈, 요거트 등 대부분이 그렇다. 여기서 소비자 입장에서 조금 더 생각해보자. 넓은 면이 바닥으로 가게 한 것은 진열할 때만 편한 것 아닐까? '마지막 한 방울'까지 편하게 먹지 못하는데 말이다.

하인즈는 소비자가 끝까지 케첩을 편하게 먹을 수 있도록 과감히

하인즈 케첩은 용기는 거꾸로 세워두었지만 라벨은 소비자가 인지하기 쉽게 붙인 것이 포인트다.

뚜껑을 아래에 두었다. 이른바 이지 스퀴즈*EZ Squeeze* 방식으로, 케첩이 언제든 쉽게 나오도록 모여 있게 한 것이다. 그냥 보면 우스꽝스러운 장면일 수 있으나 반스의 이노글라스로 들여다 보면 우리는 엄청난 의미를 이 장면에서 찾아낼 수 있다.

## ◐ 반스 프로세스로 가늠해보는 혁신 성공 사례와 시사점

하인즈의 용기 디자인은 이미 많은 브랜드에서 벤치마킹했다. 하지만 하인즈는 여기서 한 걸음 더 나아갔다. 하인즈 케첩의 라벨을 보자. 다른 유사 제품과 어떤 차이가 느껴지는가?

하인즈는 상표도 거꾸로 부착함으로써 '케첩 용기는 원래 이렇게 세우는 것이다'와 같은 생각을 소비자에게 심어주었다. 기능에 있어서 99%는 동일하다고 볼 수 있다. 하지만 상표를 어떻게 붙이느냐의 고민에 따라 마지막 1%에서 경쟁력을 갖는 것이다.

기술력이나 디자인을 개선해서도 비즈니스 경쟁력을 확보할 수 있다. 하지만 소비자 입장에 서서 작은 차이 하나를 제공하는 것만으로도 비즈니스 경쟁력은 크게 확보된다.

혁신은 거창해야 한다고 생각하지 말자. 고정관념을 버린 작은 차이 하나로도 비즈니스에서는 충분히 임팩트를 줄 수 있다.

# 분리수거가 월요병보다 무서워요

"무슨 쓰레기가 이렇게 많이 나오지?"

"그러게. 쓰레기가 많이 나오기도 하지만, 분리해서 버리는 게 더 귀찮네."

매주 주말이면 재활용 쓰레기를 버리면서 우리 가족이 하는 단골 멘트다. 마트에서 한꺼번에 장을 보는 터라 포장지만 분리해도 집 안에 쓰레기가 금세 가득 쌓인다.

## Ⓐ 2단계: 특이점 발견(Awkwardness Detection)

평소 쓰레기를 구분 없이 모아놓으면 주말 저녁 공동 분리수거장에서 일일이 나눠버려야 한다. 겨울에는 손이 시려 고통스럽기까지 하다. 비라도 내리면 우산까지 들고 다녀와야 해서 그다지 유쾌하지 못하다.

쓰레기가 생길 때마다 분리해서 보관해두었다가 공동 분리수거장에 모아서 버린다. 하지만 추운 겨울에 이것들을 들고 가서 분리하는 건 그리 달갑지 않다.

쓰레기를 보관하는 방식은 집집마다 다르지만 박스나 자루 몇 개에 종류별로 담아두는 게 대부분이다. 이렇게 보관하다 양이 많아지면 두세 번 왔다 갔다 해야 하는 경우가 생긴다. 바빠서 깜빡하기라도 하면 월요일 출근길에 버리고 가야 하는데 여간 귀찮은 일이 아니다.

쓰레기를 수월하게 버리기 위한 나름의 자구책들이 있지만 불편함이 완전히 해결되지 않았다는 것을 읽을 수 있다.

다른 집들도 귀찮기는 매한가지인지 분리수거를 할 때면 집집마다 고안해낸 자구책을 심심치 않게 살펴볼 수 있다. 플라스틱, 종이, 철물 등 삼단 분리수거통에 분류해 오는 집도 있고, 쓰레기 분리수거 전용 카트를 만들어 끌고 오는 집도 있다. 그래도 비와 추위를 피할 수는 없는지라 더 수월하게 분리수거를 할 수 있는 방법을 궁리하게 된다.

쓰레기 분리수거를 위한 노력은 국내외에서 어렵지 않게 찾아볼 수 있다. 우선 쓰레기 분리를 처음부터 쉽고 편하게 할 수 있도록 캔, 유리병, 종이, 플라스틱 등을 구분하여 디자인한 수거함이 있다. 공공장소에는 농구 골대 모양의 쓰레기통이나 쓰레기를 버리면 소리가 나는 장치를 도입하여 쓰레기 버리는 것 자체를 유쾌한 경험으로 만들려는 시도도 나타나고 있다.

하지만 이 역시도 분리수거 대상이 되는 쓰레기 자체를 없애거나 줄여주지는 못한다. 가정에서 생겨나는 재활용 쓰레기 자체를 줄이

쓰레기를 분리해서 버리기 쉽도록 여러 가지 아이디어가 나오고 있다.

독일에서는 동네 마트에 플라스틱 병이나 박스, 다 쓴 전구, 건전지를 반납하고 포인트나 쿠폰으로 받아가는 시스템을 구현해놓았다.

거나 없앨 수 있다면 가장 좋겠지만 그러질 못하니 자구책이 나타난다. 그리고 이러한 자구책은 주로 마트에서 발견된다.

상품을 구매한 뒤 포장지를 벗겨 마트 쓰레기통에 버리는 장면을 자주 발견할 수 있다. 배추나 마늘, 무 등 집에 가서 다듬어야 하는 상품들 역시 마트에서 껍질이나 잎 부분을 미리 다듬고 가져가는 소비자를 어렵지 않게 찾아볼 수 있다.

독일의 사례를 보면, 위 사진에서처럼 마트에 재활용 쓰레기를 버릴 수 있도록 시스템을 구현해놓았다. 또한 플라스틱 물병이나 음료수 병을 기계에 넣으면 마트에서 사용할 수 있는 포인트를 지급해주기도 한다. 다 쓴 전구, 건전지, 종이 상자 등을 반납하면 마트에서 사용할 수 있는 쿠폰을 지급하기도 한다.

## ❍ 반스 프로세스로 가늠해보는 혁신 성공 사례와 시사점

세계적인 가구 브랜드 이케아KEA가 디자인 컨설팅 회사인 아이데오IDEO와 함께 진행한 '콘셉트 키친 2025The Concept Kitchen 2025'에서 2025년 미래 주방을 디자인했다. 그 콘셉트 중 하나가 'Disposing Thoughtfully(우리말로는 '사려 깊게 폐기하기' 정도로 표현할 수 있다)'이다.

주방에서 쓰레기를 바로 분리하여 버릴 수 있도록 하고, 분쇄까지 가능하게 구현했다. 아직은 콘셉트 수준에 머물러 있지만 가까운 미래에 충분히 실현 가능해 보인다. 이 프로젝트의 내용 몇 가지를 더 보자면, 자체적으로 물을 정수해주는 시스템이 내부에 장착되어 있어 별도의 정수기를 설치할 필요가 없다. 정수 시스템에서는 매일 수질검사를 수행하여 스마트폰으로 알려준다. 자연과 환경을 배려하고 사용자의 편의를 높였다.

애플의 최초 마우스를 만들었던 세계적인 디자인 컨설팅 회사 아이데오. 그들의 방법론인 디자인씽킹은 고객의 니즈를 파악하여 해결방안으로 만들어가는 것이다. 그 니즈를 찾기 위해 사람의

아이데오와 이케아가 함께 진행한 '2025년 미래 주방'

행동을 관찰하고 그들의 입장과 상황을 이해하는 데서 혁신을 시작한다.

앞서 이야기한 것처럼 반스 프로세스도 이 디자인씽킹과 맥을 같이 하고 있다. 우리 일상의 재활용 쓰레기 문제도 고객(사용자)을 중심에 두고 고객의 니즈를 찾아 해결하는 혁신이 지속되기를 기대해본다.

# 부엌의 애물단지
# 음식물 쓰레기

**1단계: 행동관찰(Behavior Observation)**

"여보! 다녀올게."

"당신 나가는 길에 음식물 쓰레기 좀 내다버려줘."

매일매일 버리고 버려도 생겨나는 음식물 쓰레기!

음식물 쓰레기는 봉투에 가득 찰 때까지 집 안에 보관해야 한다. 냄새가 많이 날 뿐 아니라 위생상으로도 좋지 않다. 여름철에는 음식물 쓰레기를 하루만 방치해도 파리가 날아다닌다. 한 번은 며칠 깜빡 잊고 내다버리지 않았더니 구더기가 생긴 적도 있다.

음식물 쓰레기는 쓰레기 봉투가 찰 때까지 집 안 한구석에 두어야 한다. 비닐봉투 밖으로 새는 물기가 위생상 좋지 않을 뿐 아니라 여름에는 냄새가 심해 고통스럽다.

음식물이 가득 담긴 쓰레기 봉투는 대부분 부엌 싱크대 주변에 둔다. 이것을 들고 버리려면 집 안을 가로질러 가야 하는데, 그때마다 물이 뚝뚝 떨어져서 일일이 닦아야 하는 경우가 자주 생긴다. 그렇다고 전용 통을 두자니 이것 역시 쓰레기 봉투에 다시 담아야 해 번거롭고, 쓰레기를 버린 뒤에는 통 안쪽을 씻어주어야 해서 이중으로 번거롭다.

위의 단계를 통해 '음식물 쓰레기를 위생적으로 보관하고 싶다' 또는 '음식물 쓰레기를 깔끔하게 버릴 수 있으면 좋겠다'는 니즈를 도출할 수 있다.

하지만 우리는 여기서 그치지 말고 한 걸음 더 생각해보자. '위생적 보관'이나 '깔끔한 처리'는 이미 발생한 음식물 쓰레기를 보관하거나 처리할 때의 불편함, 그리고 이에 대한 개선 욕구를 담아낸 니즈다. 여기서 더 나아가 니즈를 정의할 때는 문제의 본질을 더 파헤치고 찾아보려는 노력을 해보아야 한다.

가령 '음식물 쓰레기를 깔끔하고 위생적으로 처리할 수 있다고 해서 사용자 문제가 완전하게 해결되는가?'라고 생각해보자. 물론 이 정도 수준의 니즈를 도출하고 해결하는 것도 무척 중요하고 보람된 활동이다. 하지만 '음식물 쓰레기 자체가 생기지 않는다면 이런 (기능이나 성능을 필요로 하는 수준의) 니즈 자체가 발생하지 않을 수 있을 텐데' 같은 식으로 더 깊게 고민해볼 수 있다.

이처럼 문제의 진짜 본질을 담아낸 수준의 니즈를 도출해내면 이후 단계에서 문제 해결방안을 만들어낼 때 고민하는 영역과 차원이 확연히 달라진다.

일단 이미 생긴 음식물 쓰레기의 처리 니즈에 대한 해결방안을 고민해보자.

하루에도 몇 차례씩 음식물 쓰레기가 생긴다. 아직까지는 이를 완벽하게 없애지는 못하는 까닭에 그나마 주변으로 물기가 새지 않도록 하면서 하루이틀 보관하곤 한다.

플라스틱 케이스를 받침 삼아서 두었다가 함께 버리는 자구책

아내의 자구책은 주방 한구석에 플라스틱 케이스를 깔고 그 위에 음식물 쓰레기 봉투를 올려놓는 방법이다. 어차피 버릴 것이라 함께 받쳐 들고 나가서 플라스틱 케이스는 분리수거함에 버린다.

하지만 이마저도 날씨가 더워지면 쉽지 않다. 금세 파리가 꼬이고 냄새가 나기 때문이다. 그래서 어떤 주부들은 음식물 쓰레기를 냉동실에 얼려두었다가 배출하기도 한다. 자리도 차지하지 않고 냄새도 나지 않는 일거양득 방법이다.

2016년 KBS 〈생로병사의 비밀〉 프로그램에서 이와 관련한 내용을 다룬 적이 있다. 적지 않은 사람들이 이처럼 음식물 쓰레기를 얼려서 배출한다고 한다. 이에 대해 전문가는 "대부분의 세균이 몇 년간 지속되는 경우가 많기 때문에 오히려 냉장고 냉동실에 두는 것은 독이 될 수 있다"고 지적했다. 실제로 프로그램에 소개된 가정의 냉동실 선반을 측정한 결과 기준치의 49배에 달하는 세균이 증식한 상태였다.

이러한 내용을 읽고 "비위생적인지도 모르고 냉동실에 보관하다니!"라고 냉소하지 말고 더 나은 해결책을 찾을 기회로 삼아보자. 사용자의 자구책은 문제 해결의 핵심 요소를 담고 있는 경우가 많기 때문이다.

'높은 위생 수준', '보관 공간을 많이 차지하지 않아야 한다'와 같은 요소가 충족되어야 함을 읽어내야 한다. 그래서 해결방안에는 이러한 요소를 반드시 담아내야 한다. 이미 시중에 나와 있는 음식물 쓰레기를 건조한 뒤 분쇄하는 제품도 해결책이 될 수 있겠다.

앞서 이야기했듯 '음식물 쓰레기를 버릴 일이 없으면 좋겠다'라는 니즈를 해결하는 방법을 고민해보는 것도 좋겠다. 어쩌면 음식물 분쇄기보다 손쉽고 깔끔한 방법을 도출해낼 수 있지 않을까?

하지만 이에 앞서 음식물 쓰레기가 많이 발생할 수밖에 없는 경우를 생각해보자. 가령 마트에서 필요한 양보다 더 큰 단위로밖에 판매하지 않는다면, 어쩔 수 없이 필요 이상으로 구매했다가 다 먹지 못하고 버리는 경우가 발생한다.

특히 1인 가구의 경우 이런 상황이 자주 생기기 때문에 음식물 쓰레기가 생기는 것 자체를 방지하려고 집에서는 아예 요리를 하지 않고 밖에서 사 먹거나 음식을 배달시켜 먹는 경우가 많다. 사용자의 생활 여건이나 생활 방식에 따라 이러한 방법도 좋은 해결 방안이 될 수 있다.

한편 적정량을 구입했더라도 다듬고 조리하다 보면 과일 껍질이나 생선 지느러미 등 조금이라도 쓰레기는 생긴다. 이러한 상황을 공략하기 위해 '마켓컬리'나 '헬로네이처'와 같은 온라인 신선 식품 마트에서는 식재료를 씻기만 하면 바로 조리할 수 있는 상태로 배달해주는 서비스, 이른바 '반조리 식품 배달 서비스'를 강화해나가고 있다. 요즘은 오프라인 마트, 심지어 편의점에서도 이런 반조리 음식 제품을 쉽게 찾아볼 수 있다.

## ☉ 반스 프로세스로 가늠해보는 혁신 성공 사례와 시사점

이러한 생활 속 불편함과 꾹꾹 참아온 니즈에 대한 해결책이 비즈니스로 구현되었다. 바로 음식물 분쇄기Disposer이다.

1972년 미국 건축가 존 햄스John W. Hammes가 최초 고안하였다. 그의 부인이 음식물 쓰레기를 어떻게 처리할까 고민하는 것을 보고, 음식물을 잘게 분쇄하여 하수구로 흘려보내는 장치를 개발했다고 한다. 그 후 음식물 분쇄기는 미국, 영국, 이탈리아, 호주, 일본 등 전

세계적으로 사용되고 있다. 요즘은 리빙스턴Leaving Sturn 사의 음식물 분쇄기가 유명하다. 이것 또한 싱크대에 설치해 사용하는 것인데, 음식물 쓰레기를 분쇄하여 하수구로 바로 흘려보내는 방식이다.

리빙스턴 사의 음식물 분쇄기

우리나라 스마트카라 사의 음식물 쓰레기 처리기는 음식물을 건조·분쇄하여 부피를 10분의 1로 줄이고, 말린 가루는 퇴비로 사용이 가능하도록 하였다. 미국의 애너하임Anaheim 사의 '본 크러셔BONE CRUSHER'와 '웨스트 킹Waste King'도 세계적으로 많은 인기를 누리고 있다.

신기술의 도입, 기술의 고도화는 혁신에 있어서 중요한 요소다. 하지만 이러한 기술이 소비자의 선택과 사랑을 받기 위해서는 소비자의 고통점을 잘 짚어내거나, 숨겨져 있지만 해결되지 못한 니즈를 잘 발굴해내는 것이 꼭 선행되어야 한다.

그중 하나로 '경험 여정Experience Journey'이 있다. 행동이나 경험의 처음부터 끝까지의 과정을 쭉 펼쳐놓고 그 과정 속 단계별로 행해지는 행동의 특징, 고통점, 니즈 등을 도출해보는 방법론이다. 가령 부부싸움의 원인을 찾아본다고 하면 청소, 빨래, 요리, 육아 등의 상황과 그 앞뒤의 일까지 쫙 펼쳐서 보는 것이다. 그렇게 살펴보다 보면 지금까지는 드러나 있지 않았던 단계에서 원인을 찾을 수 있다.

혁신가라면 부부싸움을 할 때도 혁신의 단초가 숨어 있을 것이라는 점을 염두에 두자. 가정의 평화와 가사 노동의 해결을 위해서라도 반스 프로세스와 함께 혁신적 비즈니스 모델의 씨앗을 찾아보기 바란다.

출퇴근길에도
혁신의 씨앗은
숨어 있다

# 엘리베이터에서의 지루한 시간을 사로잡는 법

**B** 1단계: 행동관찰(Behavior Observation)

서두른다고 하지만 항상 출근길에는 마음이 바쁘다. 아파트 고층에 사는데 출근 시간에는 엘리베이터가 서너 번은 멈춰 다른 층에 사는 사람을 태우기 때문이다.

밀폐된 공간에 모르는 사람과 있자니 시선둘 데가 마땅찮다. 공연히 스마트폰을 켠다. 하지만 엘리베이터 안에서는 잘 터지지 않는다. 멀뚱히 발끝만 쳐다보게 된다.

## A 2단계: 특이점 발견(Awkwardness Detection)

아파트에 설치된 엘리베이터는 속도가 느린 편이다. 오르락내리락하는 데 걸리는 시간을 사람들은 잘 견디지 못한다. 잘 터지지 않는 스마트폰을 보거나 엘리베이터 문이 열릴 때마다 짜증스러운 반응을 보인다. 엘리베이터 층수 표시만 바라보는 경우도 있다. 이 사람들의 마음을 잘 읽어보자.

## N 3단계: 니즈 정의(Needs Definition)

그렇다면 느려터진 아파트 엘리베이터에 대한 사람들의 불만은 무엇이라고 정의할 수 있을까? 이 상황을 반스 프로세스를 통해 관찰해보니 다음과 같은 니즈를 정의할 수 있었다.

"아파트 엘리베이터의 느린 속도가 답답하다. 엘리베이터를 탔을 때 멀뚱히 서 있지 않았으면 좋겠다."

## S 4단계: 해결방안 도출(Solution Building)

이 니즈의 해결책을 찾아보자. 실제 엘리베이터의 속도를 더 빠르게 하는 방법도 생각해볼 수 있다. 하지만 비용과 효율성을 고려했을 때 최선의 방법은 아니다. 향후 엘리베이터의 기능과 성능이 더 발전한다면 아마도 사람들이 많이 이용하는 시간대를 데이터로 분석하여 시간대마다 엘리베이터의 운행 속도를 다르게 조정할 수도 있을 것이다.

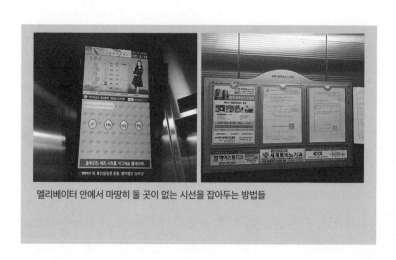

엘리베이터 안에서 마땅히 둘 곳이 없는 시선을 잡아두는 방법들

또 다른 해결책은 엘리베이터를 타고 있는 사람이 엘리베이터 속도가 느리지 않다고 느끼게 하는 것이다. 엘리베이터에서 혼자 있거나 잘 모르는 사람과 함께 있는 시간은 짧지만 지루하다. 이 시간을 지루하지 않게 만든 방법 중 하나가 바로 거울이다. 거울이 없을 때 사람들은 시선 둘 곳을 찾지 못해 멍하니 층수 표시가 바뀌는 것만을 바라보았다. 거울이 대부분 있는 이제는 거울 속 본인의 얼굴이나 옷차림 등을 보다 보면 몇 초가 순식간에 지나간다.

거울과 유사한 역할을 하는 다른 방법으로 엘리베이터 광고 패널이 있다. 짧은 시간에 집중적으로 탑승자의 시선을 끌 수 있다. '100만 불 짜리 야경'으로 유명한 홍콩섬香港㠀의 디지털 옥외 광고가 관광객의 시선을 사로잡는 것과 다를 바 없다.

지하철이나 버스에서 보내는 직장인의 출퇴근 시간은 지루하고 무료한 시간이 되기 쉽다. 이런 시간에 출퇴근 직장인들의 관심을 끌 만한 콘텐츠를 제공하는 것은 엘리베이터 거울과 유사한 효과가 있다. 스마트폰의 뉴스나 콘텐츠 제공 서비스, 지하철과 버스의 광고판 등은 눈여겨볼 대목이다.

서비스 제공자 입장에서는 사용자의 불편이나 불만을 없애기 위한 절실함이 있겠지만, 그 틈새를 비집고 들어간 콘텐츠 전달자 입장에서는 사용자의 경험에 더 나은 가치를 제공함으로써 새로운 비즈니스의 기회를 얻을 수 있다.

엘리베이터 거울 사례를 통해 반스 프로세스의 니즈 정의와 해결방안 도출의 상호 연관성을 다시 깨닫는다. 기능이나 성능의 부족함에 한정하여 니즈를 고민한다면 해결방안도 기능과 성능의 범주를 벗어나기 어렵다. 또한 니즈의 중심을 엘리베이터(객체)에 한정하여 고민할 경우에도 해결방안은 제한된 범위에서 도출될 수밖에 없다. 사용자(주체)의 관점으로까지 확대해서 바라볼 때 니즈의 본질에 더 가깝게 다가갈 수 있고, 그에 따라 더 넓고 유연한 해결방안 도출이 가능해진다.

## ⊘ 반스 프로세스로 가늠해보는 혁신 성공 사례와 시사점

LG유플러스에서는 통신 인프라를 바탕으로 광고 서비스를 제공하고 있다. 바로 엘리베이터에 설치하는 'Biz 미디어보드'다. 일반적으로 '디지털 사이니지Digital Signage'라고 불리기도 한다. KT의 계열사인 나스미디어Nasmedia에서도 디지털 옥외 광고로 아파트와 빌딩 엘리베이터에 '타운보드', '미디어보드' 등의 서비스를 제공한다.

이 서비스들은 엘리베이터 LED 모니터를 통해 아파트 공지사항과 뉴스, 지역광고, 기업광고 등을 게시한다. 아파트 관리자의 입장에서는 주민들과의 소통, 공지 등 커뮤니케이션 채널로 활용할 수 있고, 주민 입장에서는 소통뿐 아니라 무료한 시간을 유익한 정보, 재미있는 볼거리 등으로 채울 수 있다. 또한 지역 업체나 기업 입장에서는 광고, 홍보 메시지를 전달할 수 있는 효과적인 수단이 될 수 있다.

광고 스크린은 비단 엘리베이터에만 그치지 않고 지하철역, 에스컬레이터, 쇼핑센터, 강남대로 등 사람의 시선을 사로잡을 수 있는 곳이라면 어디든 설치되고 있다. 여기에 가상현실VR; Virtual Reality, 증강현실AR; Augmented Reality 등 첨단 ICT 기술을 접목한다면 콘텐츠에 대한 사람들의 몰입도를 더 높일 수도 있을 것이다.

엘리베이터 사례처럼 주변의 흔한 공간이나 시간일지라도 반스의 이노글라스로 잘 들여다보면 비즈니스 기회가 될 수 있음을 기억해두자.

# 물을 담기도 하지만 물을 막아주기도 하는 페트병

 **1단계: 행동관찰(Behavior Observation)**

　퇴근길에 동료들과 술 한잔한 뒤 버스를 타기 위해 길을 걷다가 포장마차와 마주쳤다. 포장마차 옆 가로수에 매달린 이상한 물건이 눈에 띄었다.

**A** 2단계: 특이점 발견(Awkwardness Detection)

페트병이 반 정도 잘린 채 대롱대롱 매달려 있었다. 외부에서 끌어온 콘센트에 비나 눈 등이 들어가는 것을 방지하기 위해 사용한 것이다. 일종의 자구책이다.

길거리에 노출된 전구나 콘센트, 전선 등을 감싸기 위한 자구책으로 페트병을 활용하고 있다.

하지만 이러한 자구책은 큰 사고의 위험이 잠재되어 있기 때문에 빨리 더 나은 방안을 찾아 니즈를 해결해야 한다.

**N** 3단계: 니즈 정의(Needs Definition)

기술이 발달하며 각종 첨단 장비들이 외부에 많이 설치되고 있다. CCTV, 이동통신 중계기, 버스정류장 디스플레이, 매장 간판, 조명, 공중전화, 신호등, 가로등 분전함 등이 그것인데 모두 전기를 사용해야 한다. 이는 외부에서 감전 사고에 노출될 가능성이 높아졌다는 뜻이기도 하다. 전기 설비나 간판 또는 전선이 길거리에 방치되어 있다가 비에 젖어 감전 사고가 발생했다는 뉴스도 심심치 않게 접하게 된다.

이런 사고들이 종종 발생하고 있음에도 길을 걷다 보면 물기를 막으려고 어설프게 설치한 자구책들을 종종 발견할 수 있다. 비나 눈이 오더라도 외부에서 안전하게 전기를 사용할 수 있으면 좋을 것 같다.

## S  4단계: 해결방안 도출(Solution Building)

위 사례에서는 사용자의 고통점이 명확히 드러난다. 하지만 그 고통점은 일상에서 사용의 불편함으로 나타나기보다 사고의 위험으로 나타난다.

미국 소비자 제품 안전위원회에 따르면* 미국에서 매년 평균 48

---

* 〈Electrocution Report 2004 to 2013〉, United States Consumer Product Safety Commission. https://www.cpsc.gov/Research-Statistics/Injury-Statistics

명이 감전 사고로 사망한다고 한다. 원인으로는 제품이나 코드 불량, 아이들이 콘센트에 열쇠, 핀셋, 머리핀, 젖은 손가락을 넣는 것이 꼽힌다. 심한 화상이나 장애를 입는 경우까지 포함하면 무척 많은 수의 사람이 감전 사고로 고통을 겪고 있다. 안전교육을 시킨다고 하더라도 이러한 상황과 피해를 완전히 없앨 수는 없다. 그렇다면 이를 해결하려면 어떻게 해야 할까? 궁극적으로는 이러한 행동 자체가 위험하지 않도록 하면 될 것이다.

대만의 쇼히로Shohero 사에서 '웨트 서킷Wet Circuits'이라는 방수 멀티 탭 솔루션을 개발해냈다. 멀티 탭에 물이나 커피를 쏟아도 감전 위험이 없고 전자기기도 고장날 위험이 없다. 각각의 콘센트는 서로 독립적으로 배선되어 있어서 하나가 작동하지 않더라도 나머지는 아무 영향을 받지 않는다. 또한 코드가 과열되어 105~115℃에

웨트서킷은 물에 젖거나 플러그에 핀셋을 꽂아도 안전하다. 이를 실험하는 장면

도달하면 전기의 흐름을 중단시키도록 설계되었다. 소켓에 플러그를 꽂을 때 발생하는 파란색 불꽃을 방지하는 기술도 적용되어 있다. 습기가 많은 곳에서 전기를 사용해야 하는 경우 젖은 손으로 전기를 사용해도 안전하다. (물론 손에 물기가 있는 상태에서는 전기를 사용하지 않는 것이 최선이다.)

## ❂ 반스 프로세스로 가늠해보는 혁신 성공 사례와 시사점

스마트폰, 태블릿 PC, 디지털 카메라 등은 물기에 매우 취약하다. 그래서 최근 방수 기능이 적용된 전자 제품이 속속 등장하고 있다. 삼성 갤럭시S10, LG G8 씽큐 등은 이미 업계 최고 수준의 방수 기능을 지원하고 있다.

이러한 방수 기능은 사용자들이 전자기기를 휴대하고도 물놀이나 샤워, 반신욕 등의 활동을 부담 없이 할 수 있도록 지원하고, 휴대폰을 실수로 물에 빠뜨리더라도 괘념치 않게 한다.

이처럼 방수 기술은 상당히 빠른 속도로 개발되고 있지만, 구석구석까지 이런 기술이 보급되지 않아 감전 사고가 발생해 안타깝다. 방수 기술이 더 보편화되어 모든 사람과 모든 현장에 적용되기를 바라본다.

# 풍전광고, 바람에도 끄떡없는 광고판

길거리에서 흔히 볼 수 있는 매장 홍보용 엑스배너 광고판.

저렴한 비용으로 홍보 문구와 그림 등을 풍성하게 담을 수 있고, 매장 근처를 지나다니는 사람들의 눈에 쉽게 띄기 때문에 광고 효과가 크다.

하지만 비바람이 강하게
불면 이야기가 달라진다. 강
한 바람에 배너는 속수무책
쓰러지거나 나뒹군다.

받침대에 무거운 돌을 얹
어놓거나 물을 담아놓아도
배너 자체가 돛처럼 넓고 얇
다 보니 바람이 불면 자빠지
기 십상이다.

바람이 불기만 하면 길거리에 나뒹구는 광고
판. 무거운 돌을 얹어놔도 강풍 앞에서는 무
용지물이다.

외부 공간에 광고를 할 때는 제약이 많다. 비나 바람의 영향을 크
게 받기도 하거니와 광고물을 훼손하는 행인도 있다. 물리적인 공
간을 차지하기 때문에 사람들의 동선을 방해할 수도 있어 위치도
신중히 고려해야 한다. 외부 공간에서 물리적인 제약에 구애받지

않고 광고를 할 수 있다면 광고를 하려는 사람들에게 큰 호응을 얻을 수 있을 것이다.

## S 4단계: 해결방안 도출(Solution Building)

구멍 숭숭 뚫린 배너 광고판을 간간이 발견할 수 있다. 아마도 바람의 영향을 줄여보려는 자구책일 것이다. 그렇다면 빛이나 레이저, 또는 증강현실, 가상현실과 같은 기술을 활용하여 광고를 하는 방법도 고민해볼 수 있다.

배너 여기저기에 구멍을 숭숭 뚫어서 넘어지지 않도록 했지만 그다지 보기 좋지는 않다.

건물 입구 또는 시선을 끌기 좋은 곳에 빛을 쏴서 광고하는 모습

## ◐ 반스 프로세스로 가늠해보는 혁신 성공 사례와 시사점

큰 고목과 가느다란 갈대 중에 어떤 것이 바람에 더 잘 버틸까? 물론 '갈대'다. 그 이유는 잘 알 것이다. 큰 고목은 약한 바람에는 끄떡없지만 바람이 강해지면 이겨내지 못하고 쓰러진다. 반면 갈대는 바람이 부는 방향으로 함께 흔들리면서 아무리 강한 태풍이라도 견뎌낸다.

갈대와 같은 원리가 배너 광고판에 적용된 사례가 있다. 입간판, 표지판, 광고배너 등을 주문·제작하는 세이프케어의 '윈드배너'라

곳곳에서 활용되고 있는 세이프케어의 윈드배너. 윈드서핑에서 바람을 받는 부분인 리그 Rig를 연상케 한다.

는 제품이다. 이름에서도 나타나듯 윈드서핑에서 아이디어를 얻은 것이다. 배너가 바람에 따라 움직이기 때문에 쓰러지지 않는다. 받침대에 달린 베어링이 배너를 풍향에 따라 360도 회전하는 기술이 적용되었다.

우산에도 비슷한 원리가 적용된 사례가 있다. 기존의 우산은 바람이 조금만 세면 바로 뒤집어져서 못 쓰게 되어버린다. 국내외 우산 제조 업체들은 이러한 점을 고민하여 비바람에도 문제없이 사용할 수 있는 우산을 제작했다. 국내 업체인 '협립우산'의 이중 방풍 우산을 예로

협립우산의 이중 방풍 우산

들어볼 수 있겠다. 바람이 우산 안쪽으로 불어오더라도 통과할 수 있도록 우산 안쪽 면에 이중 방풍 원단을 제작하여 바람의 영향을 최소화했고, 바람에 뒤집혀도 즉시 원상태로 복원되도록 내구성까지 갖추었다.

강한 비바람을 정면으로 맞서 해결하기보다는 바람과 함께 움직이거나 바람을 통과시켜서 오히려 바람의 영향을 피하는 독특하면서도 효과적인 솔루션이 등장하고 있는 것이다.

# 비바람이 부는 날에도 신발이 뽀송할 수 있다면?

## B 1단계: 행동관찰(Behavior Observation)

"아빠! 운동화가 축축해서 너무 찝찝해요."

"여보! 내 구두 모양이 이상해졌어."

여름 장마철 아침에 자주 듣는 말이다. 매일같이 내리는 비에 신발을 말릴 새가 없어 장마철은 영 달갑지 않다.

장마철에는 신발이 잔뜩 젖었는데도 제대로 말리지 못한 채 다시 신어야 하는 상황이 반복된다. 가죽구두는 서서히 모양이 변형되기까지 한다.

비오는 날에는 꼭 신발이 젖게 된다.

이런 상황은 여름 장마철 뿐 아니라 겨울철 눈이 자주 올 때도 마찬가지다. 눈밭에서 놀다 오는 아이의 신발은 항상 젖어 있기 마련이고, 부츠는 제대로 말리지 못하면 고약한 냄새가 진동한다.

이럴 때 많이 쓰는 자구책으로 집에 들어온 뒤 바로 신문지를 뭉쳐 신발에 넣어두거나 헤어드라이어로 말리는 등의 방법이 있다.

## 3단계: 니즈 정의(Needs Definition)

'비가 매일 오더라도 옷과 신발이 젖을 걱정은 하고 싶지 않다.'

'아침에 덜 마른 옷을 찝찝하게 입지 않았으면 좋겠다.'

'출근할 때 비가 와서 흠뻑 젖은 신발이 퇴근하기 전에는 뽀송뽀송해지면 좋겠다.'

신발과 옷을 항상 뽀송뽀송하게 착용하고 싶다는 니즈는 가정이나 사무실에서 자주 발생한다. 어쩌면 온 국민이 해결하고 싶은 니즈일지도 모른다.

## 4단계: 해결방안 도출(Solution Building)

군대에서 군인들이 군화를 말리는 경우를 참고해볼 만하다. 하루 종일 군화를 신고 있다 보니 군화 속은 땀으로 눅눅해진다. 심하면 무좀의 원인이 되기도 한다. 그래서 주말에 햇볕이 좋을 때면 군화를 모두 뒤집어 말리는 진풍경이 펼쳐진다. 위에서 도출한 니즈에 군화 건조 사례를 접목한다면 아침마다 산뜻한 착용감을 제공하는 제품을 만들 수 있을 것이다.

근본적인 해결방식을 고민해볼 수도 있다. 즉 젖은 옷이나 신발이 빠른 시간 안에 뽀송뽀송해진다는 것은 물기나 습기가 빠르게 제거된다는 뜻이다. 빠르게 물기를 빼는 회전식 탈수기, 강한 열기를 가하여 물기를 제거하는 건조기, 옷장에 비치하는 제습제 등을 응용해볼 수 있다. 아예 방수 재질로 옷과 신발을 만들거나, 비 오는 날에만 코팅제 등을 바르는 방법 또한 생각해볼 수 있다.

## ✪ 반스 프로세스로 가늠해보는 혁신 성공 사례와 시사점

이러한 해결방안을 이미 상품으로 만들어낸 회사들이 있다. 장마철 집이나 회사에 두고 신발을 살균·건조하여 요긴하게 사용할 수 있도록 틈새시장을 공략한 제품이다. 대표적인 상품으로 독일 뮬렉

뮬렉스 사의 원적외선 신발 살균 건조기. 눈, 비, 땀 등으로 축축해진 신발에 넣어두기만 해도 습기 및 냄새까지 제거해주는 제품이 속속 등장하고 있다.

스Mulex 사의 원적외선 신발 살균 건조기가 있다. (우리나라에서는 ㈜ 투모로우라인에서 제조·판매하고 있다.) 사무실 책상 아래 한쪽에 건조기를 보관해두고 비 오는 날 출근한 뒤 젖은 신발에 넣어두기만 하면 퇴근할 즈음엔 뽀송뽀송한 신발을 신고 퇴근할 수 있다. 집에도 하나 장만해두면 다음 날 아침 뽀송뽀송한 신발을 신을 수도 있다.

비단 신발에만 해당되는 것이 아니다. 직장인들은 하루 대부분을 집 밖에서 활동한다. 그러다 보면 음식 냄새, 미세먼지, 황사, 세균을 옷에 묻힌 채 집으로 돌아오게 된다. 그 옷을 다른 옷들과 함께 보관하는 것은 위생상 좋지 않을 뿐 아니라 건강에도 좋지 않다. 정장이나 코트를 매일 세탁하는 것도 부담스럽다. 드라이크리닝을 맡기면 되겠지만 자주 맡기면 옷이 금세 손상된다.

이러한 직장인들의 불편함을 해소해주는 제품으로 LG전자의 '트롬 스타일러'가 있다. 양복이나 니트처럼 한 번 입고 세탁하기 애매한 의류를 넣어두면 냄새도 없애주고 살균도 해주며 동시에 구김까지 없애준다. 미세먼지를 자동으로 제거해주는 기능도 구현되어 있다. 아침에 꺼내 입으려고 하면 간밤에 다림질을

살균, 탈취, 건조 기능에 더해 바지주름을 펴주기까지 하는 의류 건조기

해놓은 듯한 기분까지 든다. 일종의 '옷 냉장고'가 소비자의 니즈를 해결해주고 있는 것이다.

지금 출시되고 있는 신발 건조기, 옷 냉장고는 젖은 신발이나 옷을 건조하는 여러 해결책 중의 하나이다. 사용자 니즈의 본질에 집중하여 더 나은 해결방안을 찾아본다면 앞으로는 알약 하나만 넣어두는 정도로도 해결할 수 있는 방안이 조만간 등장할지 모른다.

# 녹아도 무해한
# 커피 봉지를
# 찾습니다

"점심 먹고 졸릴 텐데 믹스커피 한잔할래?"

믹스커피가 주는 묘한 매력이 있다. 적당히 달콤하면서, 이거 한 잔이면 졸음이 확 깰 것 같은 기대감이 그것이다. 사무실, 부동산중개소에서는 손님 접대의 일등공신이고, 공장이나 집에서는 훌륭한 디저트이자 나른한 오후의 에너지원이다. 믹스커피 한 봉지는 우리 일상의 필수품이다.

봉지 안에 든 커피 가루와 설탕, 프림을 컵에 넣고 물을 부은 뒤에는 잘 저어주어야 한다. 탕비실에는 보통 커피 스푼이 함께 비치되어 있다. 하지만 모두가 함께 사용하는 컵에 물을 담아 담가놓는 스푼이 위생상 좋아 보이지는 않는다.

커피 봉지를 커피를 탈 때 젓는 용도로 많이 사용한다.

플라스틱 막대 또는 젓가락을 대신 사용할 수도 있다. 하지만 저을 만한 것이 주변에 없는 경우가 있다. 그러면 봉지를 사용하게 된다. 커피 봉지가 일종의 자구책이 된 것이다.

## N 3단계: 니즈 정의(Needs Definition)

하지만 봉지가 비닐로 되어 있어서 뜨거운 물에 녹지 않을까 걱정이 든다. 비닐에서 환경호르몬이 나와 인체에 유해하지 않을까? 실험을 통해 인체에 유해한지, 유해하지 않은지를 검증한다 하더라도 '왠지 몸에 해로울 것 같다'는 생각이 완전히 없어지지는 않는다.

반스 프로세스로 접근하여 이 부분을 좀 더 살펴보자. '믹스커피를 탈 만한 도구가 주위에 없을 때, 커피 봉지를 사용하더라도 몸에 유해하다는 기분이 들지 않고 싶다'라는 니즈를 도출해볼 수 있다.

## S 4단계: 해결방안 도출(Solution Building)

우선 봉지를 인체에 해롭지 않은 성분으로 만드는 방법을 떠올릴 수 있다. 하지만 그렇다고 해도 찝찝한 마음이 완전히 사라질지 의문이다. 이러한 아이디어를 반영해 봉지에 종이스틱을 부착한 제품이 출시된 적이 있다. 봉지로 젓는 것보다는 발전된 방식이지만 커피에 하나하나 스틱을 부착하는 것이 효율적인지는 좀 더 생각해볼 일이다. 카페에서 쉽게 볼 수 있는 납작한 빨대 모양의 스틱을 따로 구매하는 방법도 있다. 하지만 역시나 플라스틱 재질을 사용하는 불안까지 해결해주지는 않는다.

여기서 근본적인 니즈를 좀더 깊이 생각해보자. 사용자는 커피를 잘 녹이고 싶어 한다. 즉 굳이 젓지 않더라도 커피가 잘 녹기만 하면 된다. 또한 젓는 도구가 실제로도, 그리고 딱 보기에 전혀 유해하지 않아야 한다.

누군가는 커피를 타는 행위를 커피의 낭만이며 분위기라 생각할 수 있다. 충분히 존중받아야 하는 생각이다. 이러한 부분도 해결방안을 도출해가는 과정에서 간과하면 안 된다. 기능과 감성, 효과와 만족감 등을 모두 고려하여 해결방안 도출 작업에 신중을 기하도록 하자.

## ❖ 반스 프로세스로 가늠해보는 혁신 성공 사례와 시사점

앞서 언급한 니즈를 해결하기 위해서는 커피를 녹이는 방법, 효과, 비용, 위생 등 따져보아야 할 것이 많다. 하지만 이 중에서 반드시 충족해야 하는 요건은 바로 '몸에 유해하지 않다는 확신이 들고 커피도 잘 녹여야 한다'일 것이다.

이러한 니즈를 딱 반영한 해결방안이 있다. 경남 밀양의 ㈜억새마을에서 억새 줄기를 이용하여 만든 '친환경 억새 커피스틱'이 바로 그것이다. 억새 젓가락, 억새 과일꽂이, 억새 이쑤시개와 같은 제품도 있다. 사용 후 45일 안에 썩어 없어지는 친환경 제품이다. 환경오염 주범이 되는 플라스틱 제품과 비교해볼 때 환경보호 차원에서도 매력적인 제품이라 할 수 있다. 이 정도면 환경호르몬이 나올까 걱정하지 않고 커피를 저을 수 있을 것이다.

커피 매장 내 일회용 컵 사용을 규제하고 플라스틱 빨대 사용 또한 자제하는 상황에서 이와 같은 친환경 제품은 큰 거부감 없이, 오히려 크게 환영받을 수 있다. 또한 지역사회의 특산품 발굴 및 지역자원 기반의 비즈니스 기회 창출 등 다양한 측면에서 가치를 창출할 수도 있을 것이다.

억새 줄기를 활용해 만든 친환경 제품들

먹고 놀고
여행하며
혁신하라

# 충분히 맛보고
# 결정하세요

　회사에서 터키 진출을 위해 디자인씽킹 기반의 프로젝트를 진행한 적이 있다. 이미 정해져 있던 인터뷰 대상자뿐 아니라 일반 터키인들의 일상 소비활동도 집중 관찰 대상이었다.

　우리는 소비자를 파악하기 위해 인터뷰만 하지 않았다. 현지 소비자 조사를 위해 별도의 회의실이나 강당에 대상자를 모아 인터뷰를 진행하고 그들의 이야기나 답변만으로 진짜 소비 행태를 파악한다는 건 사실상 불가능하다. 한계를 스스로 만드는 행위이기 때문이다. 오히려 소비자 조사 계획에는 있지 않지만 한두 블록 더 현지 주거지로 들어가 그들의 생활하는 모습을 보면 훨씬 의미있고 중요한 혁신의 단초를 발견할 수 있다. 그 단초에서 예리한 인사이트를 잘 도출한다면 현지 시장 진출을 위한 값진 기회가 될 것이다.

터키에 있던 매 순간이 소비자(사용자)를 이해하고 공감하는 재료가 된다는 생각으로 접했던 독특한 경험을 이야기하고자 한다.

## B 1단계 : 행동관찰(Behavior Observation)

"이왕이면 현지 식당에서 식사하면서 터키 식당과 손님은 우리나라와 어떤 점이 다른지 한번 봅시다."

우리 일행은 들뜬 마음으로 터키 식당에서 현지의 음식문화를 경험하고자 했다. 유명 관광지의 식당은 관광객에 맞춘 서비스를 제공할 가능성이 있어서 현지의 특성을 들여다볼 수 있는 식당을 일부러 찾아갔다.

우리는 메뉴판을 보고 종업원에게 몇 가지 음식을 주문했다. 터키어를 제대로 구사하지 못해서 영어로 어렵사리 주문을 마쳤다.

터키의 한 식당에서는 음식의 샘플을 먼저 가져와 맛과 모양을 보여준다.

하지만 난생 처음 보는 음식에 맛 또한 예상할 수 없는 데다가 종업원이 한국인의 영어를 제대로 이해했을까 싶어 일행은 불안감에 사로잡혔다.

그러던 차에 종업원이 일행이 주문한 음식을 접시에 조금씩 담아와서 보여주었다. 샘플을 보고 맛도 본 후 최종 결정하라는 것이었다. 모두가 안도의 한숨을 쉬는 순간이었다.

## 3단계: 니즈 정의(Needs Definition)

외국 방문 시 현지 음식을 먹을 기회가 되면 그 맛은 어떨지, 입맛에 맞을지, 음식의 모습은 어떨지 등이 무척 궁금해진다. 처음 먹어보는 음식이지만 언어 장벽 때문에 제대로 설명을 듣지 못한 채 주문하기 마련이고, 낯선 맛과 외양으로 인해 당황스러웠던 경험이 한두 번씩은 있을 것이다.

이러한 상황을 제대로 관찰했다면 '상품이나 서비스를 구매하기 전에 특징이나 사용 경험을 제대로 확인하여, 구매 후 불만의 여지가 없으면 좋겠다'는 니즈를 정리해볼 수 있다.

## 4단계: 해결방안 도출(Solution Building)

터키 식당에서의 시식 체험 서비스는 고객의 음식 경험을 성공적으로 만들어주었다. 일반 식당과는 차별화된 이러한 주문 서비스는 고객에게 '경험'을 제공한다. 아마 그 터키 식당은 귀국 후에도 주변 사람들에게 두고두고 이야기할 식당이 될 것이다.

대형마트에서도 이와 같은 서비스를 발견할 수 있다. 바로 시식

매대 앞 시식은 소비자의 구매 결정에 큰 영향을 끼친다.

코너다. 상품을 구매하기 전에 미리 체험해보도록 하는 것이다. 이러한 체험 마케팅은 구매 확률을 높인다. 실제로 마트 매대 앞에서의 시식 체험과 판촉 직원들의 추천 멘트는 매출을 크게 높여주는 효과가 있다고 한다.

## ⊙ 반스 프로세스로 가늠해보는 혁신 성공 사례와 시사점

다음 행사들을 한번 살펴보자. 홈쇼핑의 상품 무료 체험 행사, 자동차 회사의 무료 시승 체험단 행사, 인터넷 1개월 무료 체험. 소비자는 굳이 구매하지 않더라도 정식 제품을 체험해보거나 소유해볼 수 있는 기회를 누릴 수 있다. 공짜라면 양잿물도 마신다는 속담이 있다지만, 위의 행사를 무료로 체험할 수 있다면 이건 양잿물이 아니라 제법 큰 횡재를 한 것이라고 할 수 있겠다.

이런 마케팅의 목적은 무엇일까? 무엇보다도, 무료 체험 대상인 제품은 신상품인 경우가 대부분이다. 기존에는 신상품의 브랜드나 특징을 광고·홍보 등으로 알렸지만 이제는 소비자가 상품을 체험해보고 만족감을 느끼게 하는 체험 마케팅이 훨씬 더 효과적이다. 실제로 대형마트에서 시식 코너를 운영할 경우 매출이 두세 배는 가뿐히 증가한다고 한다.

'무료 체험 한 달' 마케팅의 경우도 살펴보자. 상품을 체험하는 동안 상품을 사용하는 일이 일상화되어서 반품을 하거나 사용을 중단할 확률이 낮아진다. 마케팅에서는 이를 '보유효과Endowment Effect'라고 부른다. 내가 무엇인가를 소유하거나 소유할 수 있다고 생각하는 순간 그 대상에 대한 애착이 생기고 그 가치를 더 높게 여긴다는 것이다. 피트니스 센터에서 한 달간 무료 체험 행사를 진행하기도 하고, 냉장고와 같은 가전제품의 경우 신제품을 출시하면 6개월간 무료로 체험하게 하는 것도 같은 맥락이다.

자동차 역시 마찬가지로, 일주일에서 한 달 정도 신형 자동차를 시승해볼 수 있는 이벤트를 시행하기도 한다. 이런 시승 행사 후에는 실제 구매로 이어지는 경우가 많다.

　마케팅은 궁극적으로 회사의 상품이나 서비스를 소비자가 구매하도록 하는 것이다. 상품과 서비스의 기능, 성능, 특징, 사용 경험 등을 최대한 소비자에게 알려 구매결정을 지원하려는 판매자. 그리고 자신이 구매하고자 하는 (또는 구매할지 말지 고민이 되는) 상품과 서비스에 대해 충분한 정보, 비교, 체험 등을 사전에 획득하고자 하는 소비자. 이 둘 사이의 접점을 마련해 양쪽 모두의 니즈를 충족시키는 것. 터키 식당과 마트 시식 코너 사례가 중요하게 시사하는 부분이다.

# 고기 냄새가 옷에 배지 않는 확실한 방법

 **1단계: 행동관찰(Behavior Observation)**

"자기야, 혹시 청국장 먹고 왔어?"

"헉, 어떻게 알았지?"

점심 때 토속음식점에서 식사를 하거나, 저녁 회식을 고깃집에서 한 뒤 냄새가 옷에 배어 곤란했던 경험이 있을 것이다.

**2단계: 특이점 발견(Awkwardness Detection)**

옷에 밴 음식 냄새는 잘 없어지지 않아서 그다음 날 출근길에도 주변 사람에게 풍기곤 한다. 이러한 상황을 싫어하는 고객을 위해 몇몇 식당에서는 식당 출구에 탈취제를 비치해놓기도 한다.

하지만 탈취제를 뿌리는 것은 미봉책에 불과하며 비슷한 상황에서 식사를 하거나 술을 마시게 되면 다시 옷에 냄새가 밸 수 있다. 또한 탈취제는 냄새를 완벽하게 없애지도 못할뿐더러 번거로워 마냥 유쾌하지만은 않다.

 **3단계: 니즈 정의(Needs Definition)**

탈취제를 뿌리는 행동 자체는 그다지 불편하지 않을 수 있다. 하지만 우리가 이 상황에 익숙해져서 이를 불편함이라고 느끼지 못하는 건 아닐지 생각해보자. '탈취제 뿌리는 것으로도 충분하지 않겠어?'라고 생각하기보다는 좀 더 상황과 문제의 본질을 헤아려볼 필요가 있는 것이다.

토속음식점처럼 음식 냄새가 강하게 나는 식당을 이용한 경험을 쫙 펼쳐놓고 보자. (이를 사용자 경험 여정지도User Experience Journey Map라고 한다.) 식당 출구에서 탈취제를 뿌리는 상황만 두고 봤을 때는 문제가 일견 해결된 것처럼 보이지만, 전체 경험이 더 만족스럽고 가치가 높아지려면 개선의 여지를 찾아야 한다. 다시 말해 당면한 문제상황을 해결하는 것도 괜찮지만, 그보다 바람직한 접근은 문제상황 자체가 발생하지 않도록 하는 것이다.

이것은 탈취제라는 솔루션보다는 넓고 높은 관점에서 바라볼 것을 요구한다. 일반적으로 이런 경우에는 '토속음식점에서 옷에 밴 냄새를 없애주면 좋겠다'와 같은 수준의 니즈를 도출하는데, 좀 더 근본적으로 문제를 해결하려면 '토속음식점에서 옷에 냄새가 아예 배지 않으면 좋겠다'와 같은 방식으로 니즈를 도출해야 한다.

## S  4단계: 해결방안 도출(Solution Building)

탈취제를 뿌리거나 밤새 바깥에 옷을 내놓는 수고를 하지 않아도 옷에 냄새가 아예 배지 않게 한다면 어떨까?

요즘 식당들은 비닐봉지에 옷이나 가방을 넣고 감싸서 의자 밑에 넣어두도록 하고 있다. 냄새를 원천 차단하는 기능으로만 보면 나름 성공적이다.

식당 의자 아래 공간을 활용하여 손님들의 옷을 보관하는 자구책. 때로는 비닐봉지에 외투를 담아 밀봉해서 손님 곁에 두도록 하기도 한다.

하지만 이 방법 역시 옷이 구겨져 고객의 품위가 떨어질 수 있어서 그다지 세련된 방법이라고는 할 수 없다. 게다가 술에 취해서 의자 아래 넣어둔 외투를 깜박 잊고 갈 가능성도 있다.

자, 그렇다면 이러한 부작용을 최소화하면서 음식 냄새를 없애주는 방법은 무엇일까?

'품위'와 '음식 냄새 차단'이라는 키워드를 연상하며 보스턴 방법을 적용해보자. 우선 미용실에서 고객의 옷을 별도의 옷장에 보관해주는 모습을 떠올려볼 수 있다. 이와 유사하게 공연장이나 미술관의 옷 보관 서비스를 떠올려볼 수 있다. 어떤 곳은 스스로 옷과 물건을 보관할 수 있는 캐비닛이 비치되어 있기도 하다.

이를 식당에 설치하는 방향을 충분히 고려해볼 수 있다. '고깃집

미용실, 공연장에서는 외투 보관 서비스가 보편화되어 있다. 이러한 서비스를 통해 고객들의 품위까지 함께 고려함을 읽을 수 있다.

에 무슨 외투 보관 캐비닛이야?', '홍어삼합집에 안 어울리게 무슨 사물함을 둬?'라고 생각한다면 비즈니스에서 차별적 경쟁력을 갖겠다는 생각은 버리는 것이 좋겠다. 이런 기대 이상의 서비스가 제공되는 곳을 찾는 고객은 분명 그 매장을 다시 찾을 것이고, 여기저기 긍정의 입소문을 내고 다닐 게 분명하다.

　매장을 방문하는 고객은 그 매장의 얼굴과 같다. 식당을 방문하고 나서는 고객의 옷차림과 품위가 말끔하다면 그 식당의 이미지도 함께 품위가 올라갈 것이라고 기대해도 무방하다.

　최근 비즈니스 모텔에서는 의류 관리기(일명 옷 냉장고)를 속속 비치하고 있다. 출장 차 숙소에 묵는 고객이 아침에 퇴실할 때 산뜻하고 깔끔한 복장을 입을 수 있도록 한 것이다. 기분 좋은 경험을 제공하기 위한 노력의 정도가 나날이 높아지고 있다.

혁신을 늘 꿈꾸는 사람은 고정관념을 스스로 바꿀 것이고, 그 사람에 의해 세상에는 새로운 서비스, 새로운 비즈니스, 그리고 새로운 고객 경험이 새로운 가치로서 창출될 것이다.

## ⊙ 반스 프로세스로 가늠해보는 혁신 성공 사례와 시사점

겨울이 되면 기후가 따뜻한 동남아시아나 호주 등으로 여행을 가는 사람이 많다. 즐거운 여행이지만 이들에게는 불가피하게 겪어야 하는 불편한 점이 있다. 바로 두꺼운 겨울 외투다. 우리나라에서 공항까지는 외투를 입고 가야 하지만, 목적지인 여행지는 따뜻해서 외투를 입을 필요가 없기 때문이다. 게다가 부피도 많이 차지하여 가지고 다니기에는 불편하다.

이러한 애로사항을 해결해 주는 서비스가 있다. 인천공항의 '의류보관 서비스(코트룸 서비스, 클린업에어 등)'다. 국적기 이용 고객이나 하나투어 이용 고객 대상으로 여행 출발 전

공항에서 이용할 수 있는 대한항공 코트룸 서비스

에 두꺼운 겨울 외투를 보관해두었다가 귀국할 때 찾아갈 수 있도록 한 서비스다.

쇼핑몰이나 동네에 자리 잡은 키즈카페는 아이와 보호자 모두의 욕구를 충족시켜주는 해결방안이 되고 있다.

출처 : 키즈카페 '어린왕자' 홈페이지

비슷한 콘셉트로 성공가도를 달리는 예를 하나 더 들어보자. 바로 아이와 함께 쇼핑을 하러 갔을 때의 경우다. 쇼핑을 할 때 아이와 함께 있으면 여유있게 즐기기가 쉽지 않다. 행여 아이가 다칠까, 물건을 함부로 만질까, 어디로 가서 길을 잃지는 않을까 챙겨야 하고, 아이가 이것저것 사달라고 떼를 쓰기라도 하면, 오히려 쇼핑은 짜증나고 힘든 노동이 된다.

이런·불편함을 해결해주는 서비스 공간이 있다. 바로 '키즈카페 Kids Cafe'다. 아이들은 실내 놀이터에서 뛰어놀거나 블록쌓기 등 자기들이 좋아하는 것을 하면서 시간을 보낼 수 있고, 엄마들은 마음 놓고 쇼핑을 즐길 수 있다.

일상에서의 불편함을 해결하면 그것이 어느덧 비즈니스로 자리 잡게 된다. 키즈카페는 이제 백화점, 마트 등에서 쉽게 찾아볼 수 있는 서비스가 되었다. 여행, 쇼핑 같은 즐거운 일상에서도 혁신의 안경을 끼고 보면 비즈니스의 기회가 있음을 함께 공감하고 싶다.

# 점심 때 카페에서 허송세월 하지 않는 방법

**B** 1단계: 행동관찰(Behavior Observation)

"점심 먹고 배도 부른데 우리 커피나 한잔하고 갈까?"

직장 동료들과 점심식사 후 카페에 들르는 건 이제 생활이 되었
다. 밥값에 버금가는 커피 값에도 아랑곳하지 않고 점심 시간 카페
는 늘 손님으로 북적거린다.

복날 보신탕집에 가면 대접받지 못한다는 말이 있다. 사람들이 많이 몰리는 때는 그만큼 불편함을 감수해야 한다는 말이다.

점심 시간 카페 주문대 앞에는 줄이 길게 늘어선다. 주문하는 줄도 길고, 커피 픽업하는 줄도 무척 길다. 족히 20분은 기다려야 한다.

점심 시간대에 카페나 패스트푸드점은 주문 대기 손님으로 넘쳐난다.

자칫 남은 점심 시간 대부분을 커피를 기다리다가 보내게 되는 경우도 생긴다.

## N 3단계: 니즈 정의(Needs Definition)

사실 이런 현상은 유명한 식당에서 더 심하게 나타난다. 번호표를 받아야 하고, 금세 차례가 돌아올 줄 알았더니 30~40분을 줄서서 기다려야 하는 경우도 있고, 아예 포기하고 발길을 돌리게 되는 경우도 있다. 어찌어찌 들어가더라도 대충 급하게 주문해야 한다. 여기서 이런 니즈를 도출할 수 있다.

'사람들이 많이 몰리는 시간이더라도 신중히 결정해서 주문하고, 카페에서 기다리지 않고 커피를 바로 받고 싶다'.

그렇게 되면 커피를 여유있게 마실 수도 있을 테고, 줄 서면서 아까운 점심 시간을 낭비하는 일도 없을 것이다.

## S 4단계: 해결방안 도출(Solution Building)

식당은 보통 예약을 한 사람에게 먼저 자리를 제공한다. 카페 운영에도 이런 사례를 벤치마킹해볼 수 있다.

우선 커피 한잔을 마시기 위해 고객이 해야 할 일을 세세하게 짚어보자. 오프라인 매장에 방문해서, 기다리고, 커피를 고르고, 주문을 하고, 할인 혜택을 챙기고, 결제를 하고, 영수증을 받고, 진동 벨을 받고, 다시 기다려서 커피를 받는다.

매장에 손님이 별로 없을 경우에는 비교적 짧은 시간에 처리될 수 있지만 점심 시간처럼 고객이 많이 몰리는 시간대에는 여러 고객을 대상으로 위의 과정들이 진행되기 때문에 시간이 꽤나 걸린다.

스타벅스의 사이렌 오더

그렇다면 커피를 받기 전까지의 과정이 반드시 매장에서 처리되어야 하는 것일까?

이런 고정관념을 깬 서비스가 있다. 매장을 방문하기 전에 미리 스마트폰 앱을 이용해서 원하는 식음료를 선택해 결제까지 마무리, 매장을 방문하면 바로 주문한 음료를 받을 수 있게 했다. 일종의 모바일 사전 주문 서비스다. 대표적인 서비스로 스타벅스의 '사이렌오더Siren Order', 배스킨라빈스의 '해피오더' 등이 있다. 고객은 시간을 절약할 수 있으며, 매장에서는 운영을 효율적으로 할 수 있다.

하지만 이 서비스들은 생각만큼 활성화되지 못했다. SK플래닛에서 개발한 '시럽오더'는 국내에서 활발히 사용되다가 안타깝게도 서비스를 종료했다. 고객의 니즈를 잘 찾아내기는 했지만 해결방안을 구현하는 과정에서 충분히 고려되지 못한 점들이 있었다.

가령 손님이 많이 몰리는 시간대에 고객에게는 사전 주문 서비스가 무척 유용하다. 반면 점주 입장에서는 매장 고객들 주문 처리하기도 바쁜데 이 서비스를 시작하면 업무가 더 늘어난다. 고객에게는 편리하고 점주에게는 달갑지 않은 것이다. 당장의 매출 증대 효과보다는 고객 만족 측면에서 긍정적 사용자 경험 창출에만 신경을 썼기 때문에 놓친 오류다.

또한 혼잡하지 않은 매장이나 손님이 별로 없는 시간대에는 고객이든 점주든 이 사전 주문 방식을 활용할 이유가 크지 않다. 할인이나 샷 추가, 업사이즈Up size 등의 프로모션이 있다면 이용을 유도할 수 있겠지만 그렇지 않다면 굳이 사용하지 않아도 된다.

일부 사용자는 사전 주문 서비스를 '매장 원격 주문' 용도로 사용하기도 한다. 일반적으로 사람들은 카페에서 자리를 먼저 잡고, 그중 한 명이 카운터로 와서 주문하고, 진동벨을 받아서 자리로 돌아갔다가 진동벨이 울리면 다시 커피를 받으러 온다. 이런 절차가 불편하기 때문에 먼저 자리를 잡은 뒤 그 자리에서 사전 주문 서비스로 커피를 주문하고 주문 완료 메시지가 오면 그때 한 명이 커피를 받아오는 것이다. 커피 주문 시 생기는 또 다른 불편함을 고객들은 이 서비스로 해소하고 있는 것이다.

이제 고객(손님)뿐 아니라 매장 점주의 니즈까지도 함께 헤아린 서비스가 필요하다. 좀 더 정교한 솔루션이 구현되어서 매장 카운터, 결제기기, 대기 줄서기, 종이 영수증 등이 언젠가는 '그때를 아십니까?' 같은 이야기로 등장할 날이 멀지 않았으리라 본다.


## ⊙ 반스 프로세스로 가늠해보는 혁신 성공 사례와 시사점

사전 주문하는 니즈에 기반하여 확대된 개념인 정기구독Subscrip-tion 서비스도 눈여겨보자. '사전 주문(선주문)', '정기적으로 배송되는 편의성', '이용 기간 확보로 인한 가격 할인 혜택' 등이 결합된 형태다.

이런 서비스는 자주 구매하고 주기적으로 구매하는 물품에 적용하기 좋다. 이런 품목들은 매번 마트나 판매 사이트를 찾아 구매하는 것이 귀찮을 때도 있고 자칫 깜빡 잊어버려 다시 구매할 시점을 놓치는 경우도 생긴다. 소비자의 이런 상황들을 읽어내어 등장한 서비스가 바로 정기구독 모델이다. 예전에는 학습지, 신문, 잡지, 우유 등을 배송받는 정도였지만, 이제는 그 대상과 형태가 무척 다양해지고 그 시장이 점점 커지고 있다.

예를 들어 한 달에 두 번씩 둘째, 넷째 주 목요일마다 집이나 사무실 등으로 맥주를 정기배송하는 '벨루가'라는 서비스가 있다. 전세계 다양한 맥주와 야식 박스를 매번 새롭게 구성하여 배송한다. '벨루가'는 맥주를 사러 어딘가 들르는 시간은 물론 무엇을 마실지 선택하는 시간까지 줄여주고 있다.

로스터리 업체 '빈브라더스'는 매달 새로운 원두를 할인된 가격

벨루가는 월 약 6만 원의 비용을 내면 한 달에 두 번씩 야식 박스와 수제 맥주를 정기적으로 배송해주는 서비스다.

에 받아볼 수 있도록 '원두 정기배송' 서비스를 하고 있다. 면도기 스타트업 '와이즐리'는 '면도날 정기배송' 서비스를 제공하고 있다. 면도날이 떨어지면 사러 가야 하는 불편함을 공략한 것이다.

이처럼 소비자들의 행태를 잘 읽고 그들이 진짜 필요로 하는 니즈를 찾아내서 그 해결방안을 제시한다면 위에서 예를 든 회사들처럼 매력적인 서비스를 제공하는 성공적인 스타트업으로 발돋움할 수 있을 것이다.

# 아빠, 저는 야구장에 안 갈래요!

**B** 1단계: 행동관찰(Behavior Observation)

프로야구를 무척 좋아하는 아빠. 모처럼 가족과 좋아하는 팀 경기를 관람하러 갔다. 야구장 응원의 열기는 경기 관람의 재미를 백배는 더해준다. 치킨에 캔맥주 한 모금 들이키면 더할 나위가 없다. 야구장만큼 스트레스를 날려버릴 수 있는 곳이 또 어디 있으랴?

3회 초로 접어들 즈음 아이는 지루한 기색을 보인다.

"아빠! 집에 가자! 나 재미없어!"
"아직 경기 초반이라서 그래. 응원하면서 보면 더 재밌어."

어쩌면 아이에게 야구는 '풀밭에서 아저씨들이 팀을 갈라 방망이와 공을 가지고 뭔가를 하는 것' 이상의 의미는 없을 것이다. 아이가 지루해하는 것은 당연하다.

연신 짜증을 내는 아이를 달래다가 이내 아내도 짜증을 내고 만다. 사실 아내도 그다지 야구를 좋아하지 않지만 모처럼 가족끼리 바람도 쐴 겸 남편의 의견에 동의한 것이다. 결국 5회를 못 넘기고 가족 모두는 야구장을 나왔다.

 **3단계: 니즈 정의(Needs Definition)**

가족 중에 스포츠를 보기 좋아하는 사람이 아빠 혼자라면 집에서 텔레비전으로 축구, 야구 경기를 시청하는 것조차 여의치 않다.

상황이 이럴진대 야구장에서 가족이 흔쾌히 함께 경기를 관람하기를 바라는 것은 큰 무리임에 틀림없다. 그렇다고 아빠 혼자서만 야구장을 찾으면 가족에게 더 큰 원성을 살 것이다. 야구를 가족 모두와 함께 즐길 수 있는 방법은 없을까?

## Ⓢ 4단계 : 해결방안 도출(Solution Building)

야구장을 가족 나들이 장소로 탈바꿈시킨 사례가 있다. 신영철 전 SK와이번스 사장이 재직 당시 '스포츠는 엔터테인먼트다!'라는 경영 마인드를 강조하면서 우리나라 처음으로 스포테인먼트Sportainment를 구단 경영에 적용한 것이다. 그는 이런 말을 하곤 했다.

"나는 우승보다 관중이 두 배로 늘어나는 것이 더 좋다."
"우리의 경쟁상대는 CGV와 에버랜드다."

미국, 일본 등 프로야구 역사가 깊은 나라에서는 이미 프로야구가 가족 단위로 즐길 수 있는 엔터테인먼트로서 자리 잡은 지 오래다. 지금은 국내 타 구단들도 관중을 위한 시스템과 프로그램 수준이 메이저리그 야구장 못지 않게 향상되었지만 말이다.

SK와이번스 야구장 외야 관람석에는 잔디밭이 마련되어 있다. 이곳에서는 마치 가족 소풍을 온 듯한 기분으로 돗자리를 깔고 편안하게 경기를 관람할 수 있다. 삼겹살을 구워먹는 바비큐존도 마련하여 경기 관람의 즐거움을 더했다.

넓은 잔디 위를 마음껏 뛰어다닐 수 있으니 아이가 있는 가족 단위 관람객에게도 안성맞춤이다. 파티덱과 정자 형태 관람석도 마련되어 있어 각종 음식을 차려놓고 가족이나 친구 모임, 직장인들의 회식 자리로도 이용할 수 있다. 아이들에게 무엇보다 인기가 있는 것은 키즈존이다. 놀이터가 마련되어 있고, 그곳에서 놀이기구를 타고 놀 수 있다. 아이를 돌보는 도우미도 있어 아이를 잠시 맡기고 경기를 즐길 수도 있다.

SK와이번스 구장은 경기장 밖에서 팬들과 함께 하는 프로그램도 다양하게 운영하고 있다. 교육과 스포츠를 접목시킨 SQ<sub>Sports Quotient</sub>(스포츠지수) 프로그램을 운영하여 어린이, 학생들이 스포츠 매력에 흠뻑 빠져들도록 하였다. 여성 관람객을 위한 파우더룸을 설치하고, 야구용품 매장도 단순 판매대가 아닌 쇼핑하는 기분을 느낄 수 있도록 오픈식 매장으로 새롭게 단장했다.

이를 통해 야구용품 매출은 1년 만에 세 배나 증가하였다. 스포테인먼트를 시행한 후 SK와이번스 관중 수는 6년 만에 30만 명에서 100만 명 이상으로 늘었다. 이제 스포테인먼트는 SK와이번스뿐 아니라 우리나라 프로야구 전 구단에서 최우선으로 추진하는 구단 전략이 되었다. 또한 농구, 배구, 축구 등에서도 새로운 마케팅 전략이자 비즈니스 모델로서 자리 잡고 있다.

## ◐ 반스 프로세스로 가늠해보는 혁신 성공 사례와 시사점

신영철 사장은 스포테인먼트를 추진하면서 "우리의 틀Frame을 깨자"라는 말을 강조하였다. 지금까지 가져왔던 틀은 변화와 혁신을 거부하는 고정관념이라는 것이다.

대표적인 고정관념으로 '야구=남자'가 있다. '야구=보는 것'도 마찬가지다. 이러한 틀을 깰 때 야구를 '가족 모두가 즐기면서 참여하는 엔터테인먼트'로서 바라볼 수 있다.

무한한 상상의 나래를 펼치며 그것을 구체화하여 구현해냈을 때 스포츠는 새로운 비즈니스 모델이 되고, 팬들은 자연스럽게 경기장을 찾게 된다. 그것도 가족과 함께 소풍가는 기분을 만끽하면서 말이다.

4부

# 비즈니스로
# 발화한
# 혁신의 단초

3부에서는 일상에서 혁신을 습관처럼 수행해볼 수 있는 아주 평범한, 하지만 혁신의 이노글라스로 유심히 관찰하지 않으면 간과하기 쉬운 사례들을 반스 프로세스에 맞추어 살펴보았다. 사례 하나하나는 아주 특별한 것이 아니다. 어제도, 그리고 오늘 아침에도 나와 나의 가족, 친구, 동료가 경험했던 것들이다. 디자인씽킹 프로세스를 철저히 적용하지 않더라도 가볍게 반스의 렌즈로 바라볼 수 있는 대상들이다.

4부에서는 일상에서 흔히 이용하고 있는 혁신적인 상품·서비스를 분석한다. 이미 시장에 나와 있는 이들의 탄생 배경과 개발 과정을 이 책에서 디자인씽킹의 가장 중요한 핵심 키워드로 강조한 '고객공감을 통한 진짜 니즈'와 '창의적 해결방안 도출'의 관점에서 살펴보고자 한다. 성공적인 혁신 사례들도 반스 프로세스로 충분히 발견하고 구현해낼 수 있다는 것을 보여주기 위함이다. 물론이 상품·서비스들은 흔히 이야기하는 디자인씽킹 프로세스를 통해서 도출되지 않았을 수도 있다. 하지만 고객이 진정으로 원하는 가치를 제공하기 위해 노력했던 멤버들의 활동과 사고방법, 그리고 그들이 가장 중요하게 여겼던 것이 무엇이었는지를 눈여겨볼 수는 있을 것이다.

이를 통해 디자인씽킹의 핵심요소를 심플하게 적용해보는 것에서 비즈니스가 발화할 수 있다는 것을 발견하기를 바란다. 이 책을 읽는 모두가 조만간 등장할 훨씬 더 멋진 혁신 성공 사례의 주인공이 될 것을 확신한다.

# 토스

사람들 사이의
작은 현금 흐름을 잡다

더치페이 행태를 유심히 살펴보면 '토스'를 만들 수 있다.

고객의 진짜 니즈 정의 1/N 더치페이, 개인 간 현금 거래의
불편함과 불안함

창의적 해결방안 도출 쉽고 편하게, 신뢰성과 간편함에 기반
한 현금 이체

지불·결제 관련 디자인씽킹 프로젝트를 수행한 적이 있다. 사용자를 인터뷰하고 관찰하며 다음과 같은 행태와 불편함을 발견했고 그 안에서 사용자들의 솔직한 니즈를 읽어낼 수 있었다. 본론으로 들어가기 전에 그 상황을 간단히 소개한다.

"김 대리님이 카드로 한꺼번에 계산하시면 제 몫은 현금으로 드릴게요."
"저도 지금 현금이 없어서 나중에 사무실에 들어가서 드릴게요."
"저도 카드밖에 없는데요."

직장 동료와 함께 점심 식사를 마친 후 계산대에서 흔히 볼 수 있는 상황이다. 점심 시간 단체 손님이 계산할 때 식당에서는 한 사람 한 사람 카드 결제해주는 것을 달가와 하지 않는다. 한 명씩 해주다 보면 시간이 오래 걸려서 영업에 차질을 빚기 때문이다.

결국 누구는 현금으로 주고, 또 누군가는 "나중에 내가 한 번 살게!" 하면서 넘어가기도 한다. 계좌로 송금해주는 이도 있다. 하지만 이보다 더 억울한 경우는 나중에 준다고 해놓고선 밥값을 줄 사람도 잊어버리고 받을 사람도 잊어버리는 경우다. 그러다 나중에 생각났을 때는 밥값 달라고 이야기하기도 민망한 게 사실.

이처럼 매일매일 식당에서 벌어지는 불만과 불편함을 읽어낸 서비스가 있다. 바로 비바리퍼블리카의 간편송금 서비스 '토스Toss'다.

상대방 계좌번호를 몰라도 휴대폰 번호만으로도 쉽게 송금할 수 있도록 한 것이 이 서비스의 주요 기능이다. 공인인증서 로그인, 보안카드 번호 입력, 비밀번호 입력 등 복잡한 과정을 단순화하여 비밀번호를 입력(지문 인증)만 해도 송금이 되도록 하였다. 더치페이 기능까지 구현되어 있어 식당에서 나와 결제한 사람에게 바로 밥값을 송금해줄 수도 있다. 기존에도 유사한 서비스가 있었지만 토스는 핀테크 열풍, 스마트폰 금융 서비스에 대한 사용자의 인식 변화 등에 힘입어 현재 많은 인기를 누리고 있다.

밥값을 더치페이하는 경우 외에도 이 서비스는 사용자의 또 다른 불편함을 해결해주고 있다. 지인의 경조사에 가지 못할 때 경조비를 대신 전달해달라고 부탁하는 것이다. 이때 역시 "내 대신 (경조비를) 내주면 나중에 계좌로 송금해줄게" 해놓고 잊어버리기라도 하면 그 전달자는 나중에 돈 달라는 꺼내기 어려운 말을 해야 한다. 이럴 때 토스와 같은 서비스를 활용해서 참석자에게 바로 간편하게 송금하고, 참석자는 이를 바로 확인하는 편리함을 누릴 수 있다.

토스 이승건 대표는 토스를 만들기 이전에 여덟 번 실패를 겪었다고 한다. 사람들이 무엇을 원하는지보다 자신이 만들고 싶은 아이템을 만들었기 때문이라고 그는 스스로 실패 이유를 분석했다.

토스는 이 실패 사례들과는 다른 자세로 접근했다고 한다. 그 대표적인 예로 '고스트 프로토콜'을 내세운다. 디자인씽킹의 철학과 방법론 관점에서 볼 때 토스의 고스트 프로토콜은 눈여겨볼 필요가 있다.

"지금껏 늘 팀원끼리만 모여서 '이런 제품이 있으면 어떨까? 이런 거 어떨 것 같아? 이런 게 사업 기회가 될까?' 같은 식으로만 접근을 해왔던 것 같아요. 하지만 그 이후로는 '사람들이 원하는 것이 뭐지?'라는 생각을 가지게 되었어요."

상품·서비스를 기획하고 만들 때 고객(소비자)의 니즈를 제대로 파악하지 못한 채 진행해온 것이 계속된 실패 이유라고 분석한 그는 그뒤 공급자 중심의 사고를 내려놓고 멤버들과 함께 고객들의 불편함을 수집하러 다녔다. 홍대, 신촌, 가락시장 등 서울 각 지역으로 가서 하루 종일 사람들을 관찰했다. 그리고 3일에 한 번씩 모여서 그 기록을 가지고 서로 이야기를 나눴다.

'사람들은 이러고 살더라. 이런 불편함이 있더라. 그래서 나는 이런 아이템을 생각하게 되었다.' 이런 과정을 석 달 동안 수행한 끝에 100여 개 아이템을 도출해냈고 그중 하나가 '토스'다. 앞서 이야기했던 반스 프로세스와 꼭 닮은 활동들을 해온 것을 알 수 있다.

이승건 대표는 아이템을 선정하고 고민할 때 사람들의 목소리를 듣고, 그들이 원하는 것이 무엇인지 파악한 뒤 그것을 해결하기 위해 고민하는 것이 제일 중요하다고 이야기한다. 토스의 승승가도가 증명하듯 금융이나 핀테크 분야 역시 사람들의 사용 경험을 분석하

토스의 송금, 더치페이 서비스 화면

는 것이 경쟁에서 이기는 중요한 요소로 작용한 것이다.

토스 멤버들은 사람들의 기존 금융 서비스 사용 경험을 유심히 살펴보고 직접 체험해봄으로써 다음과 같은 문제점을 도출해냈다.

- 인터넷 뱅킹 서비스는 돈을 송금할 때 입력해야 할 요소가 많고 공인인증서 인증을 두 번이나 요구하는 등 많이 번거

로웠다.

- 추가로 액티브 엑스나 앱을 설치하라고 요구하여 불편한 경험이 가중되었다.
- 조회 하나를 하려고 해도 복잡한 약관을 읽어야 하는 불편함을 감수해야 했다.

토스 멤버들은 이러한 문제를 해결하기 위해 기존 금융 서비스의 수많은 인증과 입력 단계를 하나씩 뜯어보며 '이게 정말 꼭 필요한 것인가?' 분석해보았다. 이러한 활동들을 해나가다 보니 기존에 공급자 중심으로 만들어진 서비스 형태, 또는 더 나은 해결방안이 있음에도 유지되어온 기능이나 절차를 어렵지 않게 발견할 수 있었다. 이른바 고객의 '익숙해진 불편함'으로 고착화되어 공급자든 사용자든 어느 누구도 문제시하지 않던 것들이다.

토스 멤버들은 토스를 송금 서비스에서 금융 서비스로 확장할 때에도 기존 금융 상품을 고객의 입장에서 분석하며 진행했다고 한다.

'계좌를 만들려면 꼭 지점에 가야 할까?'

'주식, 펀드를 사고 팔 때 꼭 매수, 매도라는 표현을 써야 할까? 더 쉬운 말을 쓰면 안되나?'

'투자를 하려면 꼭 큰돈이 있어야 하나? 천 원만 투자해볼 수는

없을까?'

'내 신용등급을 왜 일 년에 세 번만 무료로 확인할 수 있을까?'

'내가 가입한 보험이 적절한지 알려면 누구에게 물어봐야 하지?'*

토스는 2015년 2월 첫 선을 보인 이후 2018년 11월 누적 가입자 1천만 명을 돌파했다. 누적 송금액은 28조 원을 넘어섰고 2018년 매출은 약 560억 원 정도로 예상하고 있다. 무엇보다 토스의 운영사인 비바리퍼블리카는 기업 가치를 1조 3천억 원으로 인정받아 유니콘 스타트업 반열에 당당히 이름을 올렸다.

IT와 금융을 연계하는 핀테크에 대한 정부와 기업의 관심이 커지고 있다. 이런 분위기 속에서 많은 사람이 관련 분야 창업에 뛰어들고 있다. 이때 시작의 발판을 너무 높거나 어렵게 잡을 필요가 없다. 금융·기술이 접목된 핀테크라고 해서 뭔가 복잡해야 하는 건 아니다.

토스 멤버들처럼 주위에서 '사람 간에 돈이 왔다 갔다 하는 상황'을 유심히 관찰하는 데서 시작해보자. 예를 들면 다음과 같다.

---

* 〈토스는 왜 금융을 바꾸려고 하는가?〉, 토스 공식 블로그 tossfeed.
https://blog.toss.im/2018/05/17/team/insight/toss-changes-world/

〈1000만 명이 쓰는 간편 송금 앱 토스 창업부터 지금까지〉, '태용' 유튜브 채널.
https://www.youtube.com/watch?v=uPhHPO98M84

- **물건을 구입하는 시점이 아닌 때 현금이 이동하는 상황**

  상품권, 식권, 단골매장 선결제, 레스토랑·숙소 선결제 또는 예약금, 외상거래 등

- **공동의 목적을 가진 다수의 사람들이 공동구매를 통해 할인 혜택을 받는 상황**

  온·오프라인 공동구매, 대학 동아리·스터디 모임 단체구매 등

- **회사나 단체의 복지금(포인트)을 활용한 구매 상황**

  회사 식비, 후생복지비용 등

- **일정 지역 또는 공간(쇼핑몰)에서만 통용되는 지불·결제 수단을 이용하는 상황**

  전통·재래시장 상품권, 시장·쇼핑몰 포인트, 남이통보(남이섬에서 사용하는 화폐) 등

- **중고 물품을 거래할 때 생기는 불안과 이를 해소하기 위해 일일이 서로 확인하고 거래하는 상황**

  인터넷 중고 거래

- **사람 간의 예의·약속 또는 비공식적인 근로계약 관계에 의해 현금**

**이 이동하는 상황**

경조사비, 자녀 용돈, 과외비, 가사 도우미 비용 등

- **친구, 연인, 가족끼리 평상시 돈을 모아서 함께 구입하거나 지출하는 상황**

친목계契, 커플통장, 가족통장 등

지금까지는 별다른 관심 없었던 개인 간의 현금흐름을 유심히 관찰해보고 그 흐름을 종이에 도식화해보자. 그중에서 구입 시점과 결제 시점이 일치하지 않아도 되거나 카드, 현금 외의 수단으로 결제해도 문제가 없는 부분을 발견할 수 있을지도 모른다. 그렇다면 이내 또 다른 혁신적인 핀테크 서비스가 등장할 수도 있을 것이다.

# 액티브워시 세탁기

//////////////////////////

## 욕실 구석에 쪼그려 앉은
## 아내를 구출하다

쪼그려 앉아 빨래하는 아내를 진짜 사랑한다면 '액티브워시 세탁기'를 만들 수 있다.

고객의 진짜 니즈 정의   애벌빨래, 본빨래를 별도 공간에서 하는 가사노동의 고충

창의적 해결방안 도출   애벌빨래와 본빨래를 한 곳에서 해결

"여보, 뭐해?"

아내가 욕실에서 한참 동안 안 나오길래 살며시 노크하며 물었다.

"어, 애 속옷 세탁기에 넣기 전에 대충 주물러 빨고 있어."

왜 아내는 세탁기가 있는데도 굳이 욕실 한구석에 쪼그리고 앉아 손빨래를 하고 있을까?

세탁기가 있어도 애벌빨래를 해야 하는 주부들의 허리는 늘 뻐근하다.

출처: https://www.youtube.com/watch?v=-ZSrDb8Weqk

빨랫감을 세탁기에 돌린다고 해서 때가 싹 빠지는 것은 아니다. 와이셔츠의 깃이나 아이 옷의 소매, 속옷 등은 먼저 손으로 때가 많은 부분을 잘 빨아줘야 한다. 한참 동안 쪼그려 앉아서 손빨래를 하자면 허리며 무릎이 뻐근해진다. 게다가 애벌빨래한 옷들은 물기 때문에 무게가 배로 늘어서 여간 힘든 일이 아니다.

이러한 상황을 기반으로 개발된 혁신적 제품이 있다. 바로 삼성전자에서 만든 '액티브워시' 세탁기다. 애벌빨래 기능이 들어 있는 점이 특징이다. 이 기능은 삼성전자 라이프스타일연구소*의 인도 연구소에서 현지 가정을 관찰하고 조사하여 발견해냈다고 한다.

2015년 윤부근 당시 삼성전자 소비자 가전부문 사장은 '2015 삼성 세탁기&에어컨 미디어데이'에서 액티브워시 출시 배경을 다음과 같이 이야기했다.


"소비자의 일상생활을 관찰하고 소비자들의 고민을 바탕으로 이번 액티브워시 세탁기를 선보일 수 있게 되었습니다. 액티브워시는 오랫동안 당연시하던 일상의 불편을 해결할 것입니다."

---

\* 삼성의 '라이프스타일연구소'나 LG전자의 '라이프 소프트 리서치(LSR)' 등은, 소비자의 생활과 문화를 깊이 이해하고 연구하며 소비자의 취향을 파악하는 일을 한다. 국내외 소비자들의 가정을 방문하거나 직접 대면하여 그들의 행동을 관찰하고 특성을 파악하여 소비자가 어떤 니즈를 가지고 있는지, 이를 충족시킬 수 있도록 제품과 서비스의 디자인에 반영하는 역할을 한다. 냉장고, 스마트폰, 세탁기 등 일상에서 자주 사용하는 제품을 주 대상으로, 소비자 관점에서 숨어 있는 니즈를 찾아 개선하면서 더 나은 가치를 제공하고 있다. 이는 반스에서 강조하며 접근하고자 하는 자세나 활동과 크게 다르지 않다.

이러한 관점에서 개발한 액티브워시는 2015년 1월 출시 이후 2년 만에 누적 판매량 350만 대를 돌파했으며, 소비자 사이에서 스테디셀러로 입지를 굳혀가고 있다.

액티브워시 세탁기 빌트인 싱크에서 애벌 빨래를 하는 모습

출처: https://www.youtube.com/watch?v=-ZSrDb8Weqk

삼성 액티브워시 세탁기 사례를 보며, 우리는 혁신의 정의를 다시 한 번 되새겨볼 필요가 있다. '세탁기가 등장해서 빨래를 대신해주니 이제 손빨래는 하지 않아도 된다'고 생각해온 건 아닌지 되돌아보자. 일일이 손으로 빨래를 하던 생활 행태에 큰 변화를 가져온 세탁기는 엄청난 혁신이지만, 이제 해당 분야에서는 혁신할 것이 없다며 눈을 돌려버린다면 액티브워시와 같은 세탁기는 등장하지 못했을 것이다.

완벽한 혁신은 존재하지 않는다. 혁신 자체가 한 번에 완벽함을 담보하지 않는다. 사용자의 상황과 주변 여건의 변화, 사용자의 행태와 요구 수준의 변화 등에 지속적으로 관심을 가져야 하는 이유다. 반스 프로세스가 1세대 혁신을 이루어내는 시도뿐 아니라 기존 혁신에 또 다른 혁신을 가하여 2세대, 3세대 혁신을 만들어내는 데 사용되어야 하는 이유이기도 하다.

# 쏘카

///////////////////////

# 새로운 자동차
# 라이프스타일을 만들다

자동차가 필요한 상황, 그리고 자동차를 실제 이용하는 시간을 꼼꼼히 따져보면 '쏘카'를 만들 수 있다.

고객의 진짜 니즈 정의 필요한 상황에, 필요한 만큼, 필요한 차량을 이용하고 싶다.
창의적 해결방안 도출 온디맨드On demand, 공유 플랫폼

여자친구와 함께 오후 몇 시간 교외로 데이트를 나가려고 한다. 그런데 차가 없다. 버스 타고 가기에는 불편한 곳이다. 렌터카가 있지만 한두 시간 단위로는 빌릴 수 없다. 몇 시간만 짧게 근처에서 빌려 탈 수 없을까?

상황 2  차를 며칠 동안 정비소에 맡겨두었다. 그런데 오늘 오후에는 몇 군데 물건도 받아오고 또 건네주기 위해 이곳저곳을 다녀야 한다. 택시를 타면 되긴 하지만 짐이 많다. 몇 시간만 내 차처럼 탈 수 있는 차가 있다면 좋겠다. 이왕이면 지금 내 주위에서 바로 타고 반납도 쉽게 하고 싶다.

주변에서 어렵지 않게 발견할 수 있는 상황들이다. 이런 상황에서 사용자의 욕구를 읽어낸 통찰의 힘이 비즈니스 모델로 구현되어 각광받고 있다. 바로 자동차 공유 비즈니스인 '쏘카SOCAR'이다.

쏘카는 김지만 창업자가 다음커뮤니케이션 본사인 제주도에서 근무할 때 탄생했다. 본인이 일상에서 직접 경험한 불편함에서 시작했다. 그의 가족은 차를 한 대 갖고 있었다. 주로 그가 출퇴근할 때 이용했다. 하지만 아내도 차가 필요한 상황이 종종 생겼다. 낮에 아이를 병원에 데려가야 할 일이 종종 있었는데 그럴 때면 출근길에 본인이 차를 가져가는 것이 미안하고 마음이 편치 않았다.

보통 출퇴근 용도로 차를 이용할 경우 하루 중 기껏해야 한두 시간 정도만 이용하게 된다. 하지만 집에서 차를 이용할 경우 용도에 따라 두세 시간, 때로는 하루 종일 이용해야 하는 상황도 생긴다. 그때 그때 필요에 맞춰 몇 시간만 사용할 차가 한 대 더 필요한 것이다.

김지만 창업자는 제주도 주민들의 자동차 보유 상황도 눈여겨보았다. 제주도가 가구당 소득이 전국 최하위임에도 가정의 자동차 보유 비율은 전국 1위였다. 자녀가 대학에 가면 부모들이 중고 소형차 한 대씩은 사주었기 때문이다. 대중교통 기반이 충분하게 갖춰져 있지 않은 터라 가구당 두세 대씩 보유할 수밖에 없는 상황이었다.

김 대표는 이러한 상황을 해결해준다면 지역사회에 훨씬 경제적으로 유의미할 것 같다는 판단을 하였다고 한다. 제주도 주민의 생활을 가까이에서 관찰한 결과, 너무 많은 에너지와 리소스가 차에 들어간다는 생각이 들었고 이를 해결하기 위해 스마트폰과 카셰어링에 호기심과 관심을 가지게 되었다고 한다.

김지만 창업자는 원래는 개인 대 개인P2P 카셰어링 서비스를 하고자 했지만 국내에서는 개인이 자신의 차량을 돈을 받고 다른 사람에게 빌려주는 방식이 법적으로 금지되어 있다. 이러한 제약을 해결하기 위해 차량을 대량 구매하여 여러 사람에게 공유하는 이른바 B2C 카셰어링 비즈니스 모델 쏘카를 2011년 설립하게 되었다.

우리가 흔히 알고 있는, 개인 보유 차량을 공유하는 서비스인 '우버Uber'와 비슷한 모델이지만, 차량을 누가 소유하고 있느냐에 따라 분류해보면 독일 다임러의 '카투고CAR2GO'나 미국의 '집카Zipcar'와 더 유사한 비즈니스 모델이다.

쏘카가 벤치마킹했던 집카의 공동 창업자인 로빈 체이스Robin Chase도 김지만 대표와 유사한 경험으로 인해 카셰어링 콘셉트에 확신을 가지고 추진하게 되었다고 한다. 그녀는 MIT에서 MBA 과정을 마치고 컨설팅 업체에 근무하다 세 아이를 키우기 위해 전업주부가 되었다.

가정에서 가사, 육아로 분주한 시간을 보내던 그녀는 딸아이의 유치원 친구 엄마에게서 당시 유럽에 등장한 카셰어링 서비스에 대한 이야기를 듣게 된다. 이 말을 들은 체이스는 문득 자신의 일상에서 '차가 한 대 더 있었으면' 하고 느꼈던 상황들을 떠올렸다.

현재 위치에서 가까운 곳의 집카zipcar를 검색해 예약하고 집카드zipcard로 차량문을 열어서 운전한다.

체이스 부부는 차를 하나 더 사기에는 애매한 상황이었다. 자동차 두 대를 보유하는 비용도 비용이거니와 간간이 필요한 터라 굳이 한 대를 더 사야 하는지에 대한 확신이 서지 않았던 것이다.

지하 주차장에 장기간 방치된 자전거

체이스는 곰곰이 생각했다. 그리고 그녀가 지금껏 쌓아왔던 비즈니스 경험들과 거기에 자신이 사용자 입장에서 경험하고 느꼈던 것들에 기반하여 카셰어링 아이디어를 비즈니스로 한번 만들어보고자 결심했다.

앞으로는 공유경제 분야에 시야를 더 넓혀볼 필요가 있다. 자동차 외에도 여러 비즈니스 소재가 있을 것이다. 전업주부나 은퇴자가 직장생활을 그만둔 뒤로 묵히고 있는 재능이라든지, 집에 비어 있는 방 하나, 비싸게 장만했지만 1년에 두세 번만 사용하는 캠핑용품 등 여러 가지가 있겠다.

소유나 소장의 가치를 중요시하는 경우라면 이야기가 달라지지만, 최근 두각을 보이는 공유 비즈니스 모델의 스타트업들을 보면 소유의 가치보다는 공유의 가치, 그리고 대여와 차용을 통한 효율성을 추구하는 소비자의 욕구를 잘 반영하고 있다.

공유 비즈니스 모델은 비단 자동차나 캠핑용품처럼 만질 수 있는 물품에만 국한하지 않는다. 서비스, 생산설비, 지식, 장비, 주차장 등 생활 전반에 걸쳐 굳이 소유하지 않고 필요한 만큼만 빌려서 사용하고자 하는 것이라면 모두가 대상이 된다. 실제로 자신의 것을 타인에게 빌려주어서 경제적 수익을 취하는 활동이 증가하고 있다.

장기화된 경기 침체 상황에서 사람들이 어떻게든 경제적 수익을 올리고 비용을 줄이고자 하는 욕구를 잘 읽어낸다면 비즈니스 모델이 될 수 있다. 대표적으로 자신의 남는 방이나 빈집을 빌려주는 '에어비엔비Airbnb'를 보자. 집주인은 빈 방을 빌려줌으로써 수익을 얻을 수 있고, 서비스 이용자는 일반 숙소보다 저렴한 가격에 현지 주거 문화까지 체험할 수 있다.

에어비엔비는 창업자인 브라이언 체스키Brian Chesky와 조 게비아Joe Gebbia가 자신들 숙소의 월세를 해결하기 위해 콘퍼런스 참가자에게 요금을 받고 거실을 빌려준 것에서 시작되었다. 간단해 보이는 이 비즈니스 모델은 일상에서 어렵지 않게 실행해볼 수 있다. 거의 창고처럼 이용되고 있는 빈 방 하나를 활용해서 수익을 올려보고자 하는 생각, 장기간 여행을 떠나는 동안 빈 집을 활용해보고자 하는 생각, 그리고 해외 여행을 갈 때 이왕이면 저렴한 가격에 현지 문화까지 경험해보고 싶다는 생각. 이런 것들을 잘 읽어내면 에어비엔비와 같은 비즈니스 모델을 발굴해낼 수 있는 것이다.

2018년 에어비앤비의 기업가치는 약 43조 원을 넘어섰다. 전 세계 8만여 개 도시에서 약 450만 개가 넘는 숙소를 보유하고 있으며 점점 그 규모가 증가하고 있다.

하루 날을 잡아서 가지고 있는 모든 것을 정리해보는 것은 어떨까? 장롱을 한번 들여다보자. 창고에도 장기간 사용하지 않는 물품들이 있는지 보자. 나의 하루, 일주일도 면밀하게 정리해보자. 어쩌면 나의 잉여시간이 시간이 부족한 누군가에게는 유용하게 활용되는 공유모델의 재료가 될 수도 있다.

우리나라 사람뿐 아니라 다른 나라 사람들과도 공유가 가능할 수도 있다. 그들이 자는 시간에 다른 지역·나라의 깨어 있는 사람이 무언가를 대행·처리해줄 수 있는 중개 플랫폼을 구상해볼 수도 있다. 잉여의 가용 리소스(일손, 경험, 지식, 전문성 등)가 시간(수요자 입장에서는 부족한 시간, 제공자 입장에서는 잉여의 시간)이라는 변수와 엮일 때 훨씬 더 큰 가치를 담아낼 수 있음을 기대해볼 수 있다.

자동차 외에도 미국에는 전기 스쿠터를 공유하는 '스쿠트Scoot', 캐나다에는 자전거를 공유하는 '빅시Bixi' 등이 있으며, 유휴 주차공간 정보를 제공하는 국내 서비스 '모두의 주차장'과 영국의 '저스트파크JustPark' 등도 있다. 집이 좁아 짐을 두기 힘든 사람들의 짐을 보관해주는 창고 공유 서비스 '마타주', 집 앞에서 공항까지 같은 동선에 있는 사람들을 원하는 시간대에 한 번에 데려다주는 라이드 셰어링 서비스 '벅시BUXI'도 있다.

아직 우리나라에서는 공유 비즈니스와 관련한 법 규제 이슈가 해결되어야 하고 택시나 운송, 숙박 업체 등 기존 서비스 업체들의 입장도 고려해야 하지만, 사용자들이 진정으로 원하는 가치를 제공하는 상품·서비스라면 언제가 되든 시장에서 새롭게 승기를 잡을 수 있을 것이다.

공유경제 서비스는 앞으로도 무한한 시장 가능성이 열려 있다. 공유경제의 기반이 되는 '온디맨드On demand(소비자가 필요로 하는 서비스를 원하는 형태로 손쉽게 즉각 얻을 수 있는 방식)' 트렌드가 시장을 이끌고 있고, 저성장 장기 경기침체 속에서 경제의 효율과 합리적 소비를 추구하고자 하는 시장의 욕구가 당분간 지속될 것이기 때문이다. 이 무궁무진한 가능성에 얼마든지 뛰어들어 또 하나의 새로운 시장을 만들어내길 바란다.

# Keep the Change®

////////////////////////

## 푼돈 경제학을
## 제시하다

 애물단지 취급받는 동전을 발견했다면 'Keep the Change®'를 만들 수 있다.

**고객의 진짜 니즈 정의** 잔돈(거스름돈) 보관의 귀찮음

**창의적 해결방안 도출** 푼돈의 새로운 가치 창출

"Keep the change. (거스름돈은 가지세요.)"


택시나 미용 등 서비스를 이용한 뒤 결제하면서 이런 표현을 쓴다. 거스름돈을 팁처럼 제공하는 것이다.

편의점, 마트, 빵 가게, 카페 등 매장에서 현금을 지불하면 상품 금액에 따라 동전을 거슬러 받게 된다. 하나둘 모이면 금세 불어나 무겁기도 하거니와 자리를 많이 차지해 들고 다니기 번거롭다. 그렇다고 매번 거스름돈을 포기할 수는 없는 노릇이다. 그나마 집으로 가져온 동전들을 책상이나 탁자 위 조그마한 박스에 모으곤 하지만 다시 꺼내 쓰는 일은 거의 일어나지 않는다.

이런 상황을 잘 읽어내서 서비스 프로그램으로 만들어낸 사례가 있다. 바로 뱅크 오브 아메리카Bank of America의 'Keep The Change®'이다. 뱅크 오브 아메리카는 고객들의 신규 계좌 수를 늘려야 하는 과제를 안고 고심하던 중 디자인 컨설팅 회사인 아이데오IDEO에 의뢰를 하게 되었다. 뱅크 오브 아메리카와 아이데오의 연구원들은 아틀란타, 볼티모어, 샌프란시스코 등 여러 주를 돌아다니며 그들의 주 타깃이었던 중년 여성층의 행동을 관찰하였다.

이를 통해 그들은 중요한 포인트를 발견할 수 있었다. 사람들이 결제를 할 때 개인수표Check에 기입하는 액수를 올림하는 것이었다. (미국은 결제를 할 때 은행 계좌에서 빠져나가도록 개인수표에 기입하는 방식을 많이 사용한다.) 예를 들어 지불할 금액이 $45.83라면 동봉 금액에

$46를 기입하는 것이다. 결제할 때 복잡하지 않게 처리하려다 보니 이런 방식으로 하는 것이었다. $0.17와 같은 소수점 이하의 (실제 결제금액이 아닌) 돈이 모이다 보면 순식간에 예상치 못한 금액으로 불어난다.

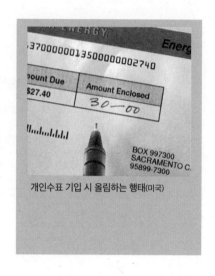

개인수표 기입 시 올림하는 행태(미국)

이후 아이데오 연구원들과 뱅크 오브 아메리카의 제품 관리자, 재무 전문가, 소프트웨어 엔지니어, 운영 담당자 등이 모여 이러한 행동들에 착안한 아이데이션 브레인스토밍을 진행했다.

그 결과 그들은 멋진 프로그램을 고안해냈다. 뱅크 오브 아메리카의 직불카드로 결제를 할 때 지불 금액과 근접한 달러로 올림해서 기입하면 지불 금액과의 차액(사실상 거스름돈)은 고객들의 은행 계좌로 입금해주는 방식이다. 한 번에 입금되는 금액이 크지는 않지만 시간을 두고 부지불식간 쌓이다 보면 제법 큰 액수가 된다.

2005년 런칭한 'Keep The Change®' 프로그램은 출시 후 1년도 되지 않은 시점에 250만 명의 고객을 유치했고, 70만 개의 신규 수표 계좌를 열었으며 100만 개의 새로운 저축 계좌를 만드는 성과를 이끌어냈다. 아이데오의 CEO 팀 브라운은 이렇게 말했다.

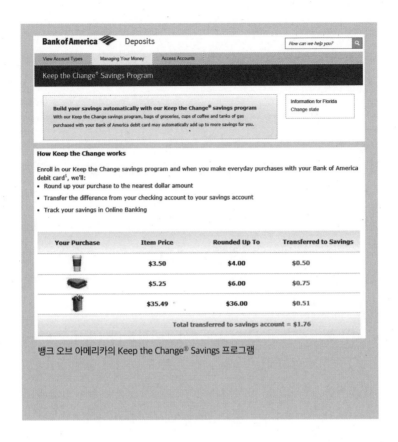

뱅크 오브 아메리카의 Keep the Change® Savings 프로그램

"사람들이 스스로 '저는 잔돈을 챙겨주는 직불카드를 원합니다' 라고 말할 수는 없습니다. 왜냐하면 아직 그런 직불카드는 구현된 적이 없기 때문입니다. 하지만 우리 팀은 많은 사람들이 물건값을 지불할 때 윗자리수 달러로 올림하고 있는 것을 발견했습니다. 디자인씽킹은 이처럼 기존에 간과되어왔던 문제를 새로운 눈으로 바

라보고 새로운 가능성을 만들어내도록 해줍니다. 혁신의 성공은 눈에 잘 띄지는 않지만 사람들 행동 중에서 귀찮음이나 불편함을 회피하려 하는 본능적인 욕구를 잘 읽어내는 데 있습니다."[*]

소비자의 소비활동은 매일 일어난다. 이때 여러 트랜즈액션Trans-action이 발생한다. 예를 들면, 실물 상품을 건네고, 신용카드를 긁고, 현금을 내고, 거스름돈을 받고, 멤버십 포인트(마일리지)를 사용하거나 적립하고, 할인을 받고, 할부 결제를 하는 등의 활동이 이루어진다. 여기에는 소비자의 불편함이 숨어 있을 수 있다. 간과하고 있거나 소비자 본인이 불편함에도 그것이 익숙해져서 아무렇지도 않은 것으로 느끼고 있는 것들이다.

이들 중 무심코 지나쳤던 소비자의 불편함을 찾아내서 소비자에게 큰 가치로 다가가는 서비스 제공자는 또 하나의 혁신 주인공이 될 것이다. 그 출발은 흔하디흔한 거스름돈 동전의 움직임을 관찰함으로써도 가능하다는 것을 다시금 되새겨야 할 것이다.

---

[*] Saj-nicole Joni, Why We All Need More Design Thinking, Forbes, Nov 2010.
https://www.forbes.com/2010/01/14/tim-brown-ideo-leadership-managing-design.html#58b77f471f8f
Tim Brown, Design Thinking, Harvard Business Review, June 2008.

# Aussie Pooch Mobile

////////////////////////

## 반려인의 마음을 정확히 파고들다

반려견 목욕시키는 상황을 유심히 지켜보면 'Aussie Pooch Mobile'을 만들 수 있다.

**고객의 진짜 니즈 정의** 반려견 목욕시키는 불편함, 귀찮음, 제대로 시켰는지 불안함

**창의적 해결방안 도출** 고객을 직접 찾아가는 위생적이고 전문적인 목욕 대행 서비스

반려인구 1천만 명을 넘어선 시대다. 공원이나 거리에서 반려견을 품고 다니거나 함께 산책하는 모습을 흔하게 볼 수 있다. 이에 발맞추어 반려인을 겨냥한 다양한 형태의 상품과 비즈니스가 우후죽순 생겨나고 있다.

이러한 현상에는 '애완동물을 키운다'는 인식에서 '반려동물은 함께 살아가는 가족'이라는 인식 변화가 깔려 있다. 그러다 보니 사람을 대상으로 개발되었던 상품·서비스가 고스란히 반려동물 대상으로 확장되고 있다. 일반등급에서 프리미엄등급까지 분류되어 있는 '먹는 것', 조끼·바지에서 명품 브랜드까지 등장한 '입는 것', 다양한 장난감, 의료, 미용, 보험, 기념일·장례 서비스까지 반려 산업의 영역은 나날이 커지고 있다.

'반려생활과 쇼핑'이라는 주제의 디자인씽킹 프로젝트를 수행한적이 있다. 반려견과 함께 생활하는 사람들의 집을 찾아가 인터뷰와 관찰조사를 진행했다. 반려인들은 반려견 목욕과 관련해서 불편한 점이 많다고 토로했다.


"집에서 토리(반려견 이름)를 목욕시키려면 욕실에 털도 많이 빠지고 정리하기가 너무 불편해요."

"함께 지낸 지 오래되었지만 애(반려견) 목욕시키는 게 여전히 어려워요. 어떻게 해야 잘 씻기는지, 거품은 깨끗히 헹궈낸 건지, 제대로 목욕을 시킨 건지 늘 애매해요."

"함께 놀 때는 좋은데 목욕시키는 건 쉽지 않더라구요. 처음 한 두 번 해보긴 했지만, 귀찮기도 해서 늘 엄마나 아빠한테 미뤄요."

필자가 수행했던 프로젝트 이야기를 꺼낸 이유가 있다. 반려인들을 만나서 그들의 생활과 이야기를 들으며 중요하게 느낀 점이 하나 있어서다. 바로 반려인들은 공통적으로 '잘 모르기 때문에 불안해한다'는 점이다.

처음 입양해왔을 때는 '내가 뭘 잘못 먹이고 있나?', '내가 적절한 시점에 목욕을 제대로 시켜주고 있나?'와 같은 불안함이 생기고, 반려견이 성장하고 나이가 들어갈 때는 '나이에 맞게 먹을 것을 적절히 주고 있는 건가?' 불안해진다.

잘 먹지 않으면 '맛이 없어서인가? 아니면 어디가 아파서인가?' 하는 고민과 불안함이 커진다. 한편으로는 이런저런 '손이 많이 가서 귀찮은 일' 또한 생겨난다. 그중 큰 부분을 차지하는 것이 바로 '반려견 목욕시키기'다.

위와 같은 '불안함'과 '귀찮음'을 느끼는 반려인들의 니즈를 동시에 담아낸 서비스를 소개하고자 한다. 바로 '오지 푸치 모바일Aussie Pooch Mobile'이다. 1992년 호주의 크리스틴 테일러Christine Taylor가 고안한 반려 서비스다.

당시 그녀의 나이 23살, 사업 초기에는 자신의 집 차고에 욕조를 두고서 반려견 목욕을 원하는 가정에서 반려견을 데려다 목욕

오지 푸치 모바일 홈페이지, 그리고 메인 화면의 크리스틴 테일러

을 시키고 데려다주는 형태로 시작했다. 그녀는 자신의 서비스를 이용하는 고객들과 수시로 이야기를 나누었다. 그러면서 그들이 지금의 서비스에서 무엇을 더 기대하고 있는지를 귀담아 들었다. 그녀는 고객들에게 다음과 같은 충족되지 못한 기대가 있음을 알게 되었다.

"저희 반려견을 데려가기보다는 저희 집에 와서 해주면 더 좋을 것 같아요. 저랑 떨어지는 걸 싫어하거든요."

오지 푸치 모바일의 반려견 목욕 트레일러, 그리고 직원이 반려견을 목욕시키는 모습

그녀는 차를 구입하여 목욕을 원하는 가정에 방문해서 반려견 목욕을 시켜주는 방향으로 사업을 발전시켰다. 목욕을 원활하게 시키기 위해 위생 욕조, 가압식 수도, 건조 장비 등이 갖춰진 트레일러도 제작했다.

또한 반려견 목욕을 시키는 직원들에게는 반려견에게 친근하게 접근하고, 능숙하게 목욕과 건조까지 진행할 수 있는 전문성까지 갖추도록 했다. 아울러 목욕이 끝나면 각 반려견에게 맞는 식이요법, 건강관리, 피부관리 방법 등을 무료로 설명해주었다. 반려인들이 갖고 있던 '반려견의 건강·미용 관련 불안함'까지 파악하여 니즈를 해결하려는 시도를 비즈니스에 녹여낸 것이다.

그녀는 사용자의 반려동물과의 생활 속에서 다음과 같은 오지 푸치 모바일의 기회가 된 단초를 찾아낸 것이다.

- 반려견 목욕을 어떻게 시켜야 제대로 하는 것인지 잘 모르겠다.
- 반려견 목욕을 직접 시킬 시간이 없다.
- 반려견 목욕을 집에서 시킬 공간과 장치가 미흡하다.

방문형 반려견 목욕 비즈니스를 통해 오지 푸치 모바일은 호주 프랜차이즈 협회에서 수차례 비즈니스 관련 수상을 했고, 크리스틴 테일러는 2016년 호주 여성 비즈니스인의 명예의 전당에까지 입성했다. 오지 푸치 모바일은 지금도 호주에서 가장 신뢰받는 반려견 목욕 전문 회사다. 또한 프랜차이즈 비즈니스 모델 형태로 발전하여 호주뿐 아니라 뉴질랜드, 영국, 미국, 말레이시아 등에도 진출했다.

최근 국내에도 방문형 반려견 스파서비스, 셀프워시Self-Wash 전문점과 같은 비즈니스가 늘고 있다. 주변의 반려생활을 유심히 들여다보면서 지금껏 발굴되지 않았거나 소비자(반려인)의 불편, 불만, 기대가 숨겨져 있는 영역들을 하나둘 찾아내어 새로운 비즈니스 기회로 만들어내고 있는 것이다.

미국, 호주 등의 사례를 참고하는 방법도 있겠으나, 국내에서의 반려생활은 미국, 호주의 그것과 차이가 있을 수 있다. 이러한 점을 잘 고려한다면 국내 환경에 맞는 반려견 비즈니스를 선보일 수도 있을 것이다.

앞으로 반려생활이 더욱 보편화되는 만큼 분명 사용자(고객)의
불편함, 불만과 기대도 커지기 마련이다. 이러한 상황을 반스 렌즈
로 들여다보자. 새롭고 기발한 비즈니스 기회를 멋지게 발굴해내
리라 믿는다.

## 당신은 이미 디자인씽킹 열정코드로 통하고 있다

디자인씽킹의 정수는 사용자의 본질적 니즈를 잘 찾는 것입니다. 이를 위해 이 책에서는 반스BANS라는 일상의 혁신 무기를 지속적으로 언급했습니다.

이제 여러분은 체화된 프로세스로서 주변 일상의 행동과 현상에서 본질적인 니즈를 찾아낼 수 있을 것입니다. 더 깊게 고민하고 더 많이 시도해보세요. 그럴수록 혁신의 날은 예리해집니다.

이 책을 다 읽은 뒤 인터넷에서 '디자인씽킹'을 검색해보기를 권합니다. 디자인씽킹에 대한 여러 설명과 이야기, 그리고 다양한 활동을 찾을 수 있을 것입니다. 하지만 더 이상 남들이 해놓은 결과를 눈으로만 받아들이는 학습자 수준에 머물러서는 안 됩니다. 또한 디자인씽킹의 이론에만 집착하는 초심자 수준에 멈춰 있어서도 안 됩니다.

이제는 디자인씽킹을 여러분 자신의 것으로 만들어야 합니다. 프로세스 단계가 몇 개인지, 단계의 이름이 무엇인지에 얽매이지 마세요. '어떻게 하면 사용자의 입장을 더 깊이 공감할 수 있을까?', '이 사람의 진짜 문제는 무엇일까?', '그것을 어떻게 해결해야 사용자에게 더 큰 가치를 제공해줄 수 있을까?' 이러한 고민과 실행을 지속해가는 멋진 디자인씽커가 되기를 기대합니다.

그 방법으로서 이 책의 반스 프로세스를 활용해보아도 좋겠습니다. 그러다가 자신에게 더 효과적이고 수월한 방법이 만들어진다면 그것을 활용하길 바랍니다.


## 주위를 둘러보기 시작했다면 이미 혁신을 시작한 것이다

중요한 건 바로 '실행'입니다. 아무리 이론이 좋고 프로세스가 잘 갖춰져 있어도 실행하지 않으면 아무 소용이 없습니다. 아주 작은 하나라도 실행에 옮겨봅시다. 그리고 한 걸음 한 걸음 나아가도록 합시다.

비즈니스 최고의 영예는 그 비즈니스가 문화로 자리 잡는 것입니다. 스타벅스, 아이폰, 구글, 아마존 등은 소비자에게 이미 하나의 문화로 자리매김했습니다. 문화가 된다는 것은 소비자에게 가치를 지속적으로 제공해준다는 의미입니다. 그것은 경제적 혜택일 수도 있고, 소유의 자부심일 수도 있으며, 프로세스의 편의성일 수도 있습니다.

이러한 가치들은 다분히 소비자가 처한 맥락에 기반을 둡니다. 그 맥락을 잘 이해하고 소비자에게 새로운 가치를 제공하는 비즈니스는 소비자와 지속적인 관계를 유지할 수 있고 그것이 쌓이면 궁극적으로 문화가 됩니다.

이는 비단 비즈니스뿐 아니라 모든 영역에 해당하는 이야기입니다. 공공기관과 의료기관의 각종 제도와 서비스, 학교나 여러 교육기관의 시스템, 금융기관의 상품들, 회사나 단체의 인력관리와 협업체계 등 사람(고객, 소비자, 사용자)이 있는 곳은 어디든 문제가 있고, 이를 해결하기 위해서는 누군가의 깊이 있는 통찰과 창의성 높은 해결방안이 필요합니다.

이러한 해결방안이 적용된 상품이나 서비스에 사용자들은 엄지를 치켜세우며 감동의 박수를 아낌없이 보냅니다. 궁극적으로 상품·서비스뿐 아니라 사용자의 경험 수준까지 한층 더 업그레이드되는 것입니다.

사용자 행동이 일어나는 이유, 또는 억제되거나 우회되는 행동에 사용자의 진정한 니즈가 담겨 있습니다. 이 본질적인 니즈를 찾는 것이 결국 혁신을 위한 길입니다.

이 책을 통해 모두가 반스 혁신의 수혜자로서, 그리고 열정을 가득 품은 혁신의 선도자로서 일상에서의 혁신을 오롯이 이루어내기를 기대합니다.

# 밥 먹고 똥 싸면서 발견하는
# 비즈니스 인사이트

초판 1쇄 발행  2019년 5월 30일

지 은 이   김경수
기획편집   최창근, 도은주
SNS 홍보   류정화

펴 낸 이   윤주용
펴 낸 곳   초록비책공방

출판등록   2013년 4월 25일 제2013-000130
주     소   서울시 마포구 월드컵북로 400 문화콘텐츠센터 5층 19호
전     화   0505-566-5522  팩스 02-6008-1777
메     일   jooyongy@daum.net
포 스 트   http://post.naver.com/jooyongy

ISBN  979-11-86358-57-3 (03320)

이 도서의 국립중앙도서관 출판예정도서목록(CIP)은 서지정보유통지원시스템
홈페이지(http://seoji.nl.go.kr)와 국가자료공동목록시스템(http://www.nl.go.
kr/kolisnet)에서 이용하실 수 있습니다. (CIP제어번호 : CIP2019018101)